学会**解决**问题

解决复杂问题的简单方法

[美] （Arnaud Chevallier） （Albrecht Enders） 著
阿诺·谢瓦利尔　阿尔布雷克特·恩德斯

陈燕华　译

Solvable

A Simple Solution to
Complex Problems

机械工业出版社
CHINA MACHINE PRESS

北京市版权局著作权合同登记　图字：01-2022-3916 号。

图书在版编目（CIP）数据

学会解决问题：解决复杂问题的简单方法 /（美）阿诺·谢瓦利尔（Arnaud Chevallier），（美）阿尔布雷克特·恩德斯（Albrecht Enders）著；陈燕华译. — 北京：机械工业出版社，2023.8
书名原文：Solvable: A Simple Solution to Complex Problems
ISBN 978-7-111-73540-3

Ⅰ. ①学… Ⅱ. ①阿… ②阿… ③陈… Ⅲ. ①分析问题和解决问题能力 – 研究 Ⅳ. ①G442

中国国家版本馆CIP数据核字（2023）第133964号

机械工业出版社（北京市百万庄大街22号　邮政编码100037）
策划编辑：坚喜斌　　　　　责任编辑：坚喜斌　陈　洁
责任校对：潘　蕊　梁　静　责任印制：单爱军
北京联兴盛业印刷股份有限公司印刷
2023年9月第1版第1次印刷
145mm×210mm · 8.375印张 · 1插页 · 164千字
标准书号：ISBN 978-7-111-73540-3
定价：59.00元

电话服务　　　　　　　　　网络服务
客服电话：010-88361066　　机 工 官 网：www.cmpbook.com
　　　　　010-88379833　　机 工 官 博：weibo.com/cmp1952
　　　　　010-68326294　　金 书 网：www.golden-book.com
封底无防伪标均为盗版　　机工教育服务网：www.cmpedu.com

本书获得的赞誉

"经营企业的核心要务是解决问题。然而现如今,企业面临的问题类型越来越复杂,界限也越来越模糊。因此,为了解决问题,我们越发需要思考如何清晰地找到解决问题的最佳途径,并锤炼我们解决问题的能力。作者为此提供了一套切实可行的模板,覆盖了解决问题的全周期,包括搭建框架、进行评估、做出决策、积极参与和精准实施。这个方法对于任何管理者,都是如虎添翼的绝佳助力。"

——马丁·里夫斯(Martin Reeves),波士顿咨询公司
亨德森研究所(BCG Henderson Institute)主席

"本书是一本指导人们基于证据做出正确决策的指南。在不确定的世界里,明智决策的本质是深刻反思。本书带领读者经历了反思的过程——思考如何做出决策、需要注意的事项及如何在做决策时整合必要的资源。本书一步一步罗列出基于证据的流程,如确定决策(以及要解决的问题)的范围、收集必要的信息及做决策需要采取的行动。由于在决策过程中收集了大量形形色色的案例,决策者的信心也逐渐得到了鼓舞,并且其

能力也得到认可。因此，我正在向我的学生和同事推荐本书！"

——丹妮丝·M.鲁索（Denise M.Rousseau），H.J.海因茨组织行为学和公共政策学院教授；卡内基·梅隆大学海因茨学院和泰珀商学院循证组织实践项目负责人

"每位管理者都致力于为公司做出正确的决策，然而，种种偏见、错误假设或过度简化往往压制了做出正确决策的能力。通过利用科学的分析和丰富的经验，谢瓦利尔和恩德斯将指导您完成解决复杂问题必不可少的三个关键步骤——搭建框架、探索细节、做出决策。简而言之，本书是所有心怀大志的管理者的必读书目。"

——马克·格鲁伯（Marc Gruber），洛桑联邦理工学院创新科技商业化教授

"在本书中，恩德斯和谢瓦利尔针对如何解决难题提供了一套切实可行的模板。这套模板不仅适用于商业环境，还可广泛用于日常生活。但对我来说，本书的真正价值在于其中的案例源自世界各地的企业、政府和个人的真实经历，这些案例如实地呈现了他们曾经面临着多么紧迫而复杂的挑战。没有什么比真实案例更能验证一个理论存在的合理性了。因此，我强烈向您推荐这本书！"

——伊恩·查尔斯·斯图尔特（Ian Charles Stewart），《连线》（Wired）杂志的联合创始人

"当你的企业面临生死攸关的复杂问题时，强大的问题解决能力就显得弥足珍贵。本书提供了一种切实易行的方法，帮助

您提升解决复杂问题的能力。"

——约尔延·维格·克努斯托普（Jorgen Vig Knudstorp），乐高集团（Lego Brand Group）的执行主席

"本书是一部杰出的著作，其内容源于实践，文风幽默风趣，研究深入浅出，文笔优美流畅，书中充满了令人难忘的商业故事和真实案例。如果您想在工作和生活中成为世界级的问题解决高手，请阅读这本书。"

——托马斯·韦德尔-韦德尔斯堡（Thomas Wedell-Wedellsborg），《你的问题是什么》（*What's Your Problem*，哈佛商业评论出版社）和《创新一如既往》（*Innovation as Usual*，哈佛商业评论出版社）的作者

"无论是职业道路的选择还是新医疗技术的发明，人们在大部分清醒的时间里都在寻找、探索和解决复杂多变且含糊不清的问题。为了将人们的视野拓展到更广阔的空间（远离次优的干扰），作者在书中提出了一种系统的方法来解决广泛的问题，巧妙地让读者通过浅显易懂的文字、真实可靠的案例和科学支撑的工具来解决复杂问题。这本书对任何关注现实世界问题的人，如创新者、投资者、员工、教育者、科学家和学生，都有着无法拒绝的吸引力。"

——弗雷德·奥斯瓦尔德（Fred Oswald）博士，教授；赫伯特·S.奥特里（Herbert S.Autrey），莱斯大学心理科学系社会科学专业主任

"作者简化了大量关于人类判断缺陷的研究文献，但并没有

过度简化。研究结果为提高我们在日常生活中解决问题和制定决策的技能提供了极为有效的实用指南。"

——菲利普·泰特洛克（Philip Tetlock），宾夕法尼亚大学教授

"本书是帮助人们在极度复杂的情况下做出正确决策的宝贵指南。谢瓦利尔和恩德斯运用的许多妙趣横生的案例为整理思绪和激发灵感提供了坚实的基础。他们利用英雄和龙的比喻巧妙地表达了关注挑战的真正价值的意图。"

——理查德·鲁梅尔特（Richard Rumelt），加利福尼亚大学洛杉矶分校安德森管理学院名誉教授，《好战略，坏战略》（*Good Strategy/Bad Strategy*）的作者

"世界几乎在一夜之间发生了翻天覆地的变化，而且是永远改变，不止一两年。没有人能够扭转乾坤。此时，您需要的不仅仅是对未来的预测，面对新世界，您还需要筛选选项、创建标准并进行选择。因此，我建议您阅读本书。"

——约科·卡尔维宁（Jouko Karvinen），芬兰航空董事会主席

"我认为本书不仅为高效和有力地解决复杂问题提供了工具和支持，对日常企业管理非常实用，而且对培养具有开放和变革思维的领导者非常有用。从机智地应答以"为什么"或"如何"开头的问题到揭示问题的本质，本书帮助领导者组织语言、掌握语调、控制姿态，从而让他们整合了解决问题的力量，在解决无法接受的问题方面取得了实质性的突破。"

——吉勒斯·莫雷尔（Gilles Morel），惠而浦中东及非洲区总裁、惠而浦集团执行副总裁

致我最忠实的粉丝莱斯利（Leslie）。由衷地感谢你对我的大力支持！

——阿诺（Arnaud）

感谢金（Kim）、梅根（Megan）、茱莉亚（Julia）和麦克斯（Max）温柔的鼓励，是你们给予我夜以继日，一步一个脚印奋斗的动力。

——阿尔布雷克特（Albrecht）

推荐序

　　做出明智的决策是一种有意习得的技能。学习这项技能需要关注的基本要素有：决策分为不同的类别，类别决定了最可能产生理想结果的过程，对结果的反思可以改进后续的决策，进一步提高决策能力需要经过深思熟虑的反复练习。整个过程如下图所示。

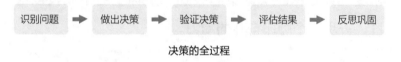

决策的全过程

　　尽管决策过程取决于决策类别，但做任何复杂的决策都会有共同点。本书的案例建立在历时 40 年的企业管理问题解决研究基础之上，旨在帮助读者面对运营企业过程中出现的决策时刻。

　　正如阿诺·谢瓦利尔和阿尔布雷克特·恩德斯在书中描述的那般，只有运用正确的决策方法才能做出明智的决策。本书向读者介绍了适合各种不同类型问题的决策步骤。我们不仅能够掌握如何在信息充足且对问题熟悉的情况下做出明智的决策，还能够学会如何在信息有限且问题新颖的情况下做出明智的决策，以及介于两种情况之间的其他决策方式。本书将帮助读者理解如何利用已知信息做出决策判断，以及如何在信息有限和暗含不确定性的条件下选择合理的决策。

重要的是，一本书同时从技术层面和人为因素两个方面进行了考量，得出了采用基于证据解决复杂问题的具体方法，同时将关键利益相关者的作用纳入考量范围，因为他们的见解、想法和支持是取得成功不可或缺的元素。

此外，由于解决复杂问题是在诸多不确定性存在的前提下进行的，因此我们需要采用概率思维，不断与时俱进，因地制宜，择利行权。本书提出了解决复杂问题的具体操作方法，这种方法将解决问题的过程视为迭代过程。

从早期的"科学管理"到"丰田生产系统"的流程改进，我们懂得如果想要改进一个流程，首先需要实现标准化。这意味着我们必须明白为了达到目的需要采取哪些措施。关键步骤之一便是反思。单凭经验是远远不够的。如果不花心思去弄清楚结果如何，以及为何产生，我们就无法获得完备的技能。问问你和你的团队：你们曾做过哪些假设？这些假设对正在发生的事情产生了怎样的影响？假设的预期和实际发生的事情之间是否存在差异？做过哪些徒劳无功的努力？通过总结实践和反思结果，你能够优化解决问题的流程。本书高度提炼了从学术研究到具体行动的实用信息，能够提高你的决策能力和决策质量。

丹妮丝·M.鲁索
美国宾夕法尼亚州匹兹堡
卡内基·梅隆大学

前　言

　　数十年来，波音公司和空客公司共同占据着客机市场的大部分份额。波音公司于 1967 年率先推出 737 机型，并在空客公司推出 A320 机型后的 20 年里保持领先地位。随后，两家公司都定期进行全面检修，但很少更新机身。空客自 1988 年推出 A320 机型以来就未曾更新设计。而波音的上一次更新也要追溯到 1997 年，当时波音 737 机型的第三代机型——波音 737NG 机型首次发布亮相。

　　一直处于劣势的空客公司不断奋起直追。2010 年 12 月，空客公司宣布已经秘密研发出空客 A320 的高级版本——A320neo 系列，主打"新引擎选项"。空客 A320neo 系列的设计颇具竞争力，比波音公司最先进的机型节省了约 6% 的燃料。空客公司的订单量很快出现了爆单的现象，甚至赢得了美国航空公司的订单。而在此之前，美国航空公司一直是波音公司的独家客户。

　　当时，波音公司已经就其窄体客机项目的未来进行了数月的辩论，在重新升级其主力机型 737 和推出新设计之间摇摆不定。现在，迫于巨大的市场压力，波音公司的高管们不得不在几周内做出决策，宣布他们将打破纪录，推出第四代 737 Max 机型。

这一决策产生了巨大的影响。最初的波音 737 是参照许多基础设施不完善的机场设计的，离地距离较小的飞机更有竞争力。因为登机时人们需要爬的台阶更少，并且较容易进入货运区。相比之下，空客公司在设计 A320 时，基本不受基础设施不完善的限制。因此，空客公司制造出机身离地更高的飞机。现在，机身离地距离的差异发挥了关键作用，因为新的节能发动机比前几代的体积更大，所以完全可以安装在空客 A320 上，而波音 737 则需要进行一些结构方面的调整，才能够获得适宜的离地间隙。

这些改装影响了操控，在某些情况下可能会导致飞机倾斜，从而造成空中失速的风险。波音公司通过一种名为"机动特性增强系统"（MCAS）的自动化系统软件解决了上述问题。当操作系统感觉飞机即将失速时，MCAS 会将飞机机头向下推。有了这个解决方案，波音公司迅速提高了生产速度，最终波音 737 Max 于 2016 年 1 月进行了首次商业飞行。波音 737 Max 的设计和生产打破了历史纪录，强有力地应对了空客 A320neo 系列的挑战。曾有那么一段时间，业界普遍认为波音公司似乎完成了不可能完成的任务。

然而，在 2018 年和 2019 年接连发生两起致命事故后，波音 737 Max 被全球监管机构勒令停飞。调查发现，MCAS 可以在无须飞行员干预的情况下自动启动。据可靠消息透露，为了降低培训成本，以及避免飞行员在过渡到驾驶波音 737 Max 机型飞机时需重新认证的过程，波音公司选择不告知飞行员 MCAS 的运行原理，也不解释如何解除 MCAS。很快 MCAS 就被认定为导致事故的直接原因，自此，波音 737 Max 设计方面的致命缺陷浮出水面。

波音公司的高管们没有在改造现有机身和开发新机型之间做出正确决策而为之，这种做法将他们逼入了墙角。当空客 A320neo 系列上市后，波音公司选择了一条快速、廉价和高质量开发新机型的路线。但可悲的是，波音公司的实际产出未能满足预期路线的三个要求。

目 录 CONTENTS

本书获得的赞誉

推荐序

前 言

绪 言 问题解决之旅 / 001

第一部分

搭建框架——理解问题 / 029

第一章 明确目标——搭建雏形 / 031

第二章 适配任务——完善框架 / 063

第三章 诊断问题 / 082

第二部分

探索细节——确定备选方案和选择标准 / 107

第四章 绘制解决方案空间图——探索备选方案 / 109

第五章 澄清重要事项——探索标准 / 141

03

第三部分

做出决策——选择最佳解决方案 / 159

第六章　选择路线——评估备选方案 / 161

第七章　调整相互依赖的决策 / 182

第八章　众望所归——有效说服 / 193

第九章　前进 / 215

深入阅读建议 / 243

关于作者 / 246

作者致谢 / 248

图片与文本来源 / 251

绪　言
问题解决之旅

让我们将问题定义为你现在所处的位置和你想要达到的位置之间的差距。问题不一定都是消极的，它也可能是一个机会。比如，在家里，你会和配偶考虑是否需要购置房屋，到哪里养老，或者买什么车；在商业环境中，你可能希望选择一个可靠的企业资源规划平台，决定是否收购竞争对手，找出如何应对政府征收关税的威胁或应对竞争对手威胁市场份额的最新计划。问题无处不在。作为企业中的个体和管理者，我们经常需要面对形形色色的问题。

本书提供了一个结构化的过程，指导你按部就班地解决复杂问题。你将学会构建问题，探索潜在选项，并权衡利弊，择其最优。本书的数据源自我们从数百名高管亲身经历中总结的经验，它提供了许多实用的工具，如案例研究。并且我们面临的绝大多数问题都要求我们留意吸引利益相关者，因此本书还提供了实际操练的练习环节，将为你提供与利益相关者互动的具体方法。

你将从绪言部分了解为什么要成为一名优秀的问题解决者，为什么成为优秀的问题解决者不是一件容易的事，以及你可以怎样提升解决问题的能力。

优秀的问题解决者很受欢迎但是很难找

从世界经济论坛（World Economic Forum）到麦肯锡（McKinsey）咨询公司，业内人士普遍认为解决问题的能力至关重要。[1] 解决问题的能力是重要的技能之一，通常排在其他重要技能之前（见图 0-1），如沟通能力或处理分歧的能力。

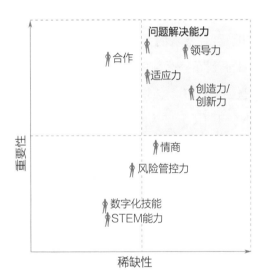

数据源自普华永道，2017.

图 0-1 问题解决能力兼具重要性和稀缺性

商科教育并没有教给学生良好的解决问题的技能，这一点越发明显。[2] 因此，雇主们反映很难找到具备杰出的解决问题能力的人也就不足为奇了。[3] 简而言之，成为一名优秀的问题解决者会使你的人气飙升。

解决复杂问题是艰难的事

既然解决问题的能力如此重要，那么为什么人们不花更多的时间和精力去培养这项能力呢？关键原因是，向高管们学习解决复杂问题[4]并不是一件容易的事。因此在培养解决复杂问题的能力之前，我们最好以退为进。

根据我们对问题（当前状态和期望状态之间的差距）的定义可以推断出，我们醒着的大部分时间都在解决问题，从早上选择穿哪只袜子到在一个新策略上"孤注一掷"。归根结底，这是因为问题层出不穷。本书主要关注系统化的问题，也就是所谓的 CIDNI 问题（发音为"seed-nee"）。它具有以下三个特征（见图 0-2）。

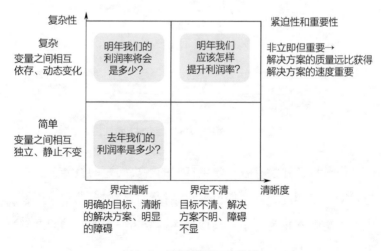

图 0-2　复杂问题的三个特征

- 复杂性（C：Complexity）意味着当前和预期状态的差距，以及我们面临的障碍会是多种多样的、不断变化的、相互依存的或难以预料的。[5]明年我们的利润率将会是多少？这一方面取决于收入，另一方面取决于成本。例如，我们关闭一家商店可以降低成本（值得庆贺），但同时也会减少收入。因此，收入和成本是相互依存的。

- 界定不清（ID：Ill-defined）意味着没有明确区分当前状态和最终状态，也可能因为障碍一直存在。[6]可能某些问题根本就没有任何解决方案，或者没有最为"正确"的解决方案。界定不清的问题本身就存在瑕疵，所以最佳的解决方案在一定程度上必然是主观的——的确，我们都中意物美价廉的产品，但我们对"美"和"廉"这两个属性却赋予了不同的重要性，进而导致我们在评判哪种解决方案是最佳方案的问题上产生分歧。

- 非立即但重要（NI：Non-immediate but Important）意味着我们不需要立即找到解决方案，我们有几天、几周甚至几个月的时间来制订解决方案，因此我们完全可以遵循系统过程来解决这个问题。换句话说，解决方案的质量远比获得解决方案的速度重要。

凯特（Kate）的各种工作机会

凯特是一家大型跨国消费品公司的业务部门经理，目前她正面临着充满挑战的职业选择。她已经在现在的公司工作了 15 年，虽然业绩颇丰，但她依然疲于应对现在的工作。在过去的几个月里，她搜集了一些跳槽机会，其中有三个值得考虑但并不完美的邀请。在做选择时，她意识到对她来说很重要的因素很多：薪水、晋升机会，甚至未来同事的素质，以及潜在的搬迁需求。最后，凯特决定和未婚夫一起商量再做决定。因为凯特重视未婚夫的意见，而且她明白只有得到他的支持，她才能无所顾忌地在新职位上大展宏图。

凯特的问题是工作和生活中常见的类属于 CIDNI 问题的典型案例。问题的复杂性源于各部分之间的联系：报酬最高的工作不在凯特喜欢的地理位置范围内。各部分挑战的界限也不明确，因为凯特自己也不清楚晋升机会和未来同事的素质相比，哪个对她更重要。她也不清楚她的未婚夫是否有偏好。总之，虽然凯特面临着一个很重要的挑战，但她尚有时间思考应对方法。也就是说，这个挑战并非需要立即应对。

复杂问题[7]通常没有压倒性的解决方案。相反，复杂问题需要我们根据各种重要的标准权衡备选方案的利弊。因此，解决复杂问题是一项涉及大量不确定性和风险的主观活动。

当我们独自解决问题时，权衡利弊已然构成一种挑战，但我们仍然会请各种利益相关者——配偶、孩子、父母、同事、下属和老板——参与权衡利弊的过程。事实上，这两组人的想法不可能一致。因此，随着更多的人参与到制订解决方案的流程中，问题的复杂性也随之增加。

◎ 尺有所短，寸有所长

复杂性导致我们面对的问题千差万别，因此我们不能够用同样的方式来解决所有问题。

对于某些问题，我们没有必要在解决过程中浪费过多的时间和精力。一项研究结果表明，美国奈飞（Netflix）公司的观众平均花费 18 分钟来决定收看什么节目，并且 40% 的受访者希望观看与配偶不同的节目[8]（鉴于此种情况，18 分钟似乎还在接受范围内）。话虽如此，如果你每天早上都要仔细考虑到底穿哪双袜子，那么在你说出"分析导致瘫痪"这句话之前，你的一天应该已经结束了。这种做法简直是大炮打蚊子——小题大做。

相反，对于某些问题，我们最好依靠常规、习惯和直觉去解决。心理学家将这一思维方式称为第一系统思维（System 1）：大脑中存在让我们能够快速、轻松地访问大量数据的自动通道。使用第一系统思维，我们就能在不受意识影响的情况下快速做出决策。这种能力可能是在我们的祖先被各种长牙动物追逐时进化而来的，当时它是一种真正的救命工具。如果你只会问附近灌木丛中的噪声是兔子还是狮子发出的，那么你就有被从基因库中清除的危险。相反，大脑拥有的自动发出"马上离开这里"信号的硬编码功能，让物种得以生存繁衍。

对于某些日常决策，第一系统思维是理想选项：它使我们能够及时止损。我们不需要有意识地做决定，因为通过直觉，我们就能够做出又快又好的决策。正是因为可以依靠第一系统思维做出细小的决定，我们才得以合理高效地生活。

　　然而，迅速且容易地使用第一系统思维做决定是需要付出代价的：第一系统思维不关注用于决策的证据的质量。这一点不容忽视，因为当今的挑战可能远比过去的神经思维和决策机制形成时面临的挑战要复杂得多。

　　最值得注意的是，正如对诺贝尔奖获得者、心理学家丹尼尔·卡尼曼（Daniel Kahneman）所称的"所见即所有"理论（WYSIATI：What you see is all there is）做出的强有力的回应，第一系统思维容易让我们受到各种对突发事件认知偏见的影响。当我们解决复杂问题时，认知偏见会反复出现。常见的认知偏见包括：

- 确认偏见，即我们会以一种确认现有观点的方式来搜索和解释数据。[9]例如，当我们看到正在考虑去用餐的一家餐厅的五星评价时，我们就会不自觉地忽略一星评价。
- 保持现状的偏见，即我们不愿意改变现有的任何事情，因为我们认为其他所有途径都将招致一定的损失[10]
- 偏见盲点，即我们会认为自己看待事物会比别人更加客观。[11]
- 锚定效应，即我们会在做出判断时过于依赖第一印象，即使第一印象与后续事件毫不相关。[12]

　　诸如此类的例子不胜枚举。常见的偏见超过 150 种，即使去掉明显重叠的偏见，仍然有 100 种左右。[13]

总之，在处理复杂的问题时，我们不能盲目地相信直觉，因为直觉会使我们跌入陷阱。第一系统思维似乎只适用于在低犯错成本的前提下快速获得有价值答案的场景。[14] 如果上述条件未被满足，那么最好还是有意识地使用更慎重、更稳妥、更费劲的方法，也就是第二系统思维（见图 0-3）。

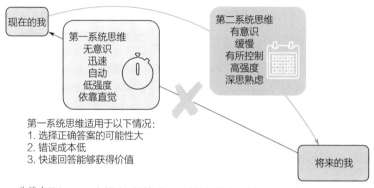

改编自Kahneman & Klein, 2009; Evans, 2003; National Research Counci, 2011.

图 0-3　处理复杂问题要有意识地使用第二系统思维

需要明确的是，第二系统思维并不能确保我们在做决定的过程中摒弃偏见。彻底消除偏见极其困难，甚至很多人认为偏见是不可能被完全消除的。但第二系统思维能够帮助我们减少偏见。[15]

总而言之，我们必须高度重视复杂问题，这就意味着我们必须放缓速度。解决复杂问题很简单吗？嗯，差不多。第一系统思维的致命弱点是它总在后台运行，它成了我们处理事务的默认方式。当我们意识到第一系统思维已经运行时，我们已经将问题"解决"了。此时，我们只能懊悔地问："我刚才真的是这样说的吗？"

第二系统思维的启用需要有意识地努力。第二系统思维要求我们三思而后行。但当我们头脑过热时，停下来思考是一件困难的事。然而，如果我们不多加思考，偏见和带着偏见做事的负面结果就会占据上风。[16]

◎ 解决复杂问题的过程中困难重重

在解决复杂问题的过程中，许多方法都无从适用。在帮助高管解决复杂问题时，我们经常遇到以下六种情况。

- **界定问题的能力较弱**：界定问题意味着定义什么是问题，以及什么不是问题。你到底是想增加收入，还是想增加盈利能力，抑或是想增加投资回报？虽然这三个问题涉及相同的主题，但它们的范围各不相同。例如，将努力的目标设定在增加收入上，我们就会忽略降低成本。然而，如果将提高盈利能力设定为主要目标，那么我们就需要同时考虑增加收入和降低成本。对于复杂问题，有效且实际地搭建框架要比从表面看上去更难。因为第一系统思维暗示我们，我们已经知道了问题是什么。"别再浪费时间回顾没用的信息，"我们的大脑会自动提示，"我们知道我们想要什么，放手一搏吧。"然而，透过复杂问题的表面特征来确认我们实际看到的是疾病，而不只是症状之一，这才是价值所在。这也是为什么第一章、第二章和第三章描述了搭建框架的科学和艺术。因为搭建框架可以使你深入理解问题的本质，并将其提炼成一个主要的关键问题，也就是你的任务。

- **我们也会做出错误决定**：麦肯锡咨询公司的一项调查显示，72% 的受访高管认为他们曾做出的正确决策和错误决策平分秋色，各占一半。[17] 在制订解决方案的过程中，我们需要对所有方案进行权衡。选择某项方案就意味着放弃其他方案，做出任何选择都绝非易事。我们经常发现高管在对备选方案进行取舍的阶段会有先入为主的现象。他们把大部分精力花在推动自己所倾向的方案的过程中，而没有认真思考其他备选方案；他们提出问题只是为了说服其他人而不是询问建议。结果，他们错过了未曾了解但有可能更适宜的方案。虽然强行向前推进会形成正在大刀阔斧解决问题的印象，但最终可能导致做出一个追悔莫及的选择。"许愿需谨慎"这句话适用于所有人。第四章探讨了如何制订更好的备选方案。

- **或许我们根本无从选择**：如果说做出一个糟糕的选择是灾难性的，那么没有做出任何决定也是有害无益的。在空客公司宣布 A320neo 系列上市之前的四年时间里，波音公司一直在纠结是更新 737 机型还是设计新机型。[18] 不做决定便只能维持现状，这可能会导致我们从一个次优的位置跌到不利的位置。面对诸多不确定性，我们往往倾向于采取"观望"的态度。然而，观望并不是长久之计；相反，我们需要进行更多的分析，收集更多的数据，联系更多的利益相关者进一步沟通，达成更广泛的共识……我们有时会错过最佳窗口期，波音 737 Max 的研发过程就是有力证据。不立即做决定就是默认现状。在整本书中，特别是第七章和第九章，你会获得避免跌入无从选择陷阱的实用工具。

- **我们没有让关键利益相关者参与决策过程**：如果一个解决方案得不到关键利益相关者的支持，那么即使方案再完美，也有可能失败。更不必说如果问题本身存在争议，不同的利益相关者必然各持己见。巧妙地邀请利益相关者成为最终产品的共同创造者，从而增加他们对解决方案的支持。[19] 利益相关者参与决策过程还可以帮助我们克服偏见、规避盲点，因为拥有不同视角、背景、技能和任务的人很可能会提出我们没有预见到的想法。[20] 此外，从统计学的角度分析，从独立个体那里收集信息可以排除杂念，从而得出更可靠的分析。[21] 团队决策似乎有助于指导个人决策。[22] 但要注意适可而止：在时间紧迫的情况下，团队过多的参与可能会适得其反。同样，在琐碎的问题上过多投入也会造成浪费，[23] 当小组成员已经达成初步共识时，小组讨论就可以扩大共识。[24] 有的问题需要共商共建，但是有的问题则需要独断专行。你不能事无巨细地移樽就教，而是要有所取舍。你将在本书中学到有效吸引利益相关者的方法。

- **思维固化**：复杂问题的解决伴随着环境变化的不确定性，这与人类对确定性的需求相冲突。因此，我们常常在解决问题的过程中形成先入为主的观点，然后逐步寻找证据，验证自己的观点，即使新的证据引导我们改变已有结论，我们也会固执己见。[25] 科学推理的关键原则是将我们的想法视为测试的假设，并在学习的过程中更新思维模式。[26] 我们逐渐采用概率思维，不轻易判断事情的对错，只预估概率。当新的证据出现时，我们会更新预判。经济学家约翰·梅纳德·凯恩斯（John Maynard Keynes）指出："当事实发生变化时，我也会随之改变主意。先生，您的职业是什么？"[27] 现在有证据表明，采用这种科学方法有助于适应创业环境。本书第九章展示了如何培养与时俱进的心态。

- **本书不涉及如何执行解决方案**：找到优质的解决方案是解决问题的必要条件，但这还远远不够。最终，我们还需要成功地执行解决方案。虽然执行的内容超出了本书的范围，但我们自始至终讨论的主题都与之息息相关。

本书提供的解决方案

我们总是面临着需要不同解决方案的各种复杂问题。最简单的问题可以用第一系统思维[28]来解决，而复杂问题则需要用深思熟虑的方法解决。那么什么是"深思熟虑的方法"呢？在过去的几十年里，帮助高管做出明智决策的方法层出不穷。然而，这些方法却很少在实际工作中应用，也许是因为它们往往与现实需求相去甚远，也可能是因为要求过高而无法适用。[29]

◎ 运用 FrED 模型解决问题

我们需要一种有助于保护我们免受易犯错误本能影响的方法，这种方法具有适用于不同程度复杂问题的通用性和简便性。我们已经研发了一种方法，称之为 FrED 模型（见图 0-4）。[30]

图 0-4　FrED 模型

- 搭建框架：我的问题是什么？搭建框架包括界定问题，将问题整合成一个重要的议题，即任务。
- 探索细节：我能够怎样解决问题？探索包括发现潜在答案——备选答案——以及帮助你制定偏好答案的标准。
- 做出决策：我应该如何解决问题？从你偏向的备选方案中做出最终决策。

我们将 FrED 模型的三个步骤想象成凳子的三条腿。三条腿都非常重要，缺一不可，因为如果其中一条腿不给力，另外两条腿就会超负荷。换句话说，想要取得好的结果，FrED 模型的三个步骤都要正常发挥作用。

还要注意，搭建框架是以问题为中心，而探索细节和做出决策是以解决方案为中心。我们有将注意力迅速转向以解决方案为中心的倾向（这是第一系统思维导致的）。然而，我们还要学会以不变应万变，也就是说，需要多花时间深入理解问题。这样的话，即使目前还没有得到答案也没有关系。

尽管 FrED 模型的三个步骤是线性的，但在实践中，你可以随着数据的不断更新来迭代先前的结论。事实上，解决问题并不是从搭建框架开始的，而是始于在你散步或与他人闲聊时脑海中突然萌生的想法。有了 FrED 模型，你可以随时随地打开脑洞以寻找答案。

龙圣 ™（Dragon Master™），解决复杂问题的配套应用程序

我们开发了一款助你解决复杂问题的应用程序，我们称之为龙圣 ™（几页纸就会使原因显而易见），它能够帮助你一次性完成 FrED 模型的三个步骤。

你可以点击网址 dragonmaster.imd.org 免费使用。

不要因为 FrED 模型形式简单而轻视它。FrED 模型用途广泛，适用于你所面临的任何类型的挑战。我们可以使用 FrED 模型帮助人们解决商业战略、粒子物理学、医学、建筑学和哲学等方面的问题。你也可以调整指数以适配实际情况，如果你经常需要为了构建项目而随时调整思路，那么你只需将其用作心理路线图。

经过数百个项目的测试和改进，FrED 模型证明了它能够在两个主要方面促进问题的解决。首先，它有助于你为自己、团队和企业提供明确的行动方向。其次，它有助于你更好地吸引关键利益相关者。正如我们期待的那般，两者兼顾至关重要，也就是既提供行动方向又吸引利益相关者（见图 0-5）。如果你只提供行动方向（采用"我行我素"作为座右铭），很可能会失去一路同行的利益相关者。同样，如果只关注利益相关者（希望看到"百花齐放"的场面），你会面临有限资源投资无效的风险。这就是本书不断地指引我们徘徊在两极之间的原因。

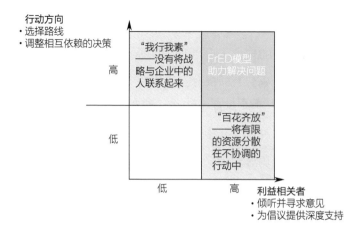

图 0-5　FrED 模型既提供行动方向又吸引利益相关者

　　FrED 模型就像一个通过提供整体框架结构来整合解决问题所需努力的操作系统。近似于 Windows 或 macOS 操作系统，它为解决问题提供了一个稳定的平台。你可以在此平台上运行专门的分析操作，即解决问题所需的财务、营销或供应链分析。具体地说，FrED 模型可以让你系统地观察问题，帮助你超越直觉，同时兼顾简单应用（见图 0-6）。

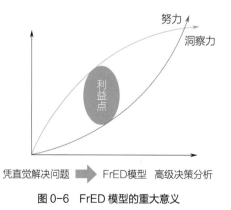

图 0-6　FrED 模型的重大意义

最后一点关于 FrED 模型的介绍。在管理学的环境中，遵循"大师"建议的现象十分常见，因为大师提出的论点听起来都十分合理，但基本上都没有实证支持。[31]

作为循证管理的有力支持者，我们努力在本书中纳入有坚实实证依据的观点。其中部分依据来自于我们自己培训数百名高管的经验。在这种情况下，我们通常会以"根据我们的经验"来展现来源。然而，大多数想法来自社会科学、工程学、设计学、医学和其他学科的大量文献，这些文献都在可控的条件下进行了测试。我们努力标明数据的来源，以增强你基于实证研究寻找解决方案的信心。[32]

上述实证研究的来源之一是机组资源管理（CRM）的文献。在过去几十年里，航空业采取了前所未有的措施来改善航空公司机组人员的决策方式，这些措施与死亡人数的大幅下降相匹配。[33] 机组资源管理文献汇集了行业内部信息，提供了大量的经验衍生知识。这些知识也在其他领域推广，包括海事和医疗保健行业。[34]

由于机组资源管理实践提供了优质的理论和经验——事故的集中报告系统、事故的系统调查、规定与规则的制定和测试等——我们相信机组资源管理实践提供了适用于其他情境（如管理情境）的高质量证据。因此，我们在本书中广泛引用了这一知识体系。

然而，对另一种环境适用性的所有发现取决于原始发现的有效性及其有效转换到新环境的适应力。虽然我们相信我们的想法具有较强的适应力和有效的转换能力，但我们仍然强烈鼓励你进行批判性思考，并亲自测试每一项主张的有效性。

◎ 如何使用这本书

根据 FrED 模型，本书由三部分构成：搭建框架、探索细节、做出决策。

第一部分，搭建框架。这部分描述了搭建框架的科学和艺术，使你深入理解问题的实质，整合首要的关键问题，即你的任务。更具体地说，第一章介绍了如何定义你的任务，并通过介绍英雄、宝藏和龙来将任务情境化。第二章展示了如何使用四原则微调与英雄、宝藏和龙相关的任务顺序。第三章通过探索问题的根本原因，帮助你进一步加深理解问题的实质。

第二部分，探索细节。这部分为探索解决问题的潜在备选方案和标准奠定了基础。第四章展示了如何使用图表探索具体备选方案的使用空间。第五章帮助你探索、阐明和权衡相关标准，这些标准有助于你判定最具潜力的备选方案。

第三部分，做出决策。这部分帮助你基于前两个部分所做的工作而做出深思熟虑的决策。第六章介绍了如何使用加权标准评估和比较备选方案。第七章展示了如何跨多个选择领域做出相互依存的决策。第八章展示了如何从纷繁复杂的信息中提炼结论以赢得关键利益相关者的支持。第九章帮助你减少不确定性，展示如何利用适合复杂情况的概率思维，并将你在整个过程中所做的战略规划与未来的执行联系起来。

当阅读每章时，你最好将灵感和工具灵活运用到挑战中。不要因为在不同的章节之间来回跳跃而感到犹豫不决。FrED模型鼓励迭代，后续步骤带来的见解可以帮助你修改在之前步骤中得出的结论。[35] 不要将迭代和修改视为失败，相反，迭代和修改会帮助你朝着减少错误、得出更好结论的方向取得喜人进展。

实际上，在深入研究最能解决你所面临的重要问题的章节之前，你最好能通读本书以了解总体思路。与此同时，专业的应用程序龙圣™将帮助你捕获从三个阶段得出的重要领悟。

本章要点

解决问题就是在你现在的位置和你想要达到的位置之间架起一座桥梁。因此，我们需要不断地解决各种各样的问题。

CIDNI 问题就是典型的复杂问题。"CIDNI"意为复杂、界定不清、非立即但重要。我们在下文中将 CIDNI 问题树立为极度复杂问题的典型。

对于简单问题，可以遵循直觉（第一系统思维）。然而，对于复杂问题，单凭直觉是件危险的事，因为直觉会使我们特别容易受到各种偏见的影响。相反，我们应该更加慎重，使用第二系统思维进行思考。

采用第二系统思维的方法就是使用三步法来解决复杂问题，如 FrED 模型。

- 搭建框架：我的问题是什么？搭建框架包括界定问题，将其整合成一个重要的议题，即任务。
- 探索细节：我可以怎样解决问题？探索包括发现潜在答案——备选答案——以及帮助你选定偏好答案的标准。
- 做出决策：我应该如何解决问题？从你偏向的备选方案中做出最终决策。

注　释

1　关于世界经济论坛（WEF）的参考资料详见 2016 年度世界经济
论坛（World Economic Forum 2016）第 22 页。题为 The future of
jobs: Employment, skills and workforce strategy for the fourth industrial
revolution. Global Challenge Insight Report, World Economic Forum,
Geneva. 关于麦肯锡（McKinsey）的参考资料详见《麦肯锡季刊》
（2020）［*McKinsey Quarterly*（2020）］。Five fifty: Soft skills for a hard
world. National Research Council（2011）. Assessing 21st century skills:
Summary of a workshop.

2　Bunch, K. J.（2020）. 'State of undergraduate business education: A perfect
storm or climate change?' *Academy of Management Learning & Education*
19（1）: 81–98.

3　详见普华永道（2017）第 44 页。The talent challenge: Harnessing the
power of human skills in the machine age.

4　对于什么是复杂问题目前尚无定论。关于讨论内容，见 Dörner, D. and
J. Funke（2017）。'Complex problem solving: what it is and what it is
not.' *Frontiers in Psychology* 8: 1153.

5　详见 p.5 of Mason, R. O. and I. I. Mitroff（1981）. *Challenging strategic
planning assumptions: Theory, cases, and techniques*, Wiley New York. 见
pp.87-90 of Mason, R. O.（1969）. 'A dialectical approach to strategic
planning.' *Management Science* 15（8）: B-403-B-414; Wenke, D. and P. A.
Frensch（2003）. "Is success or failure at solving complex problems related
to intellectual ability?" *The psychology of problem solving*. J. E. Davidson
and R. J. Sternberg. New York, Cambridge University Press: 87–126.

6　详见 p.4 of Pretz, J. E., A. J. Naples and R. J. Sternberg ibid.Recognizing,
defining, and representing problems: 3–30; 见 p.462 of Smith, S. M. and
T. B. Ward（2012）. Cognition and the creation of ideas. *Oxford handbook*

of thinking and reasoning, Oxford: 456–474.

7　方便起见，从现在起，将 CIDNI 问题称为复杂问题。

8　Goldman, R. and C. Gilmor（2016）. New study reveals we spend 18 minutes every day deciding what to stream on Netflix. *IndieWire*.

9　Nickerson, R. S.（1998）. 'Confirmation bias: a ubiquitous phenomenon in many guises.' *Review of General Psychology* 2（2）: 175–220.

10　Kahneman, D., J. L. Knetsch and R. H. Thaler（1991）. 'The endowment effect, loss aversion, and status quo bias.' *Journal of Economic Perspectives* 5（1）: 193–206.

11　Pronin, E., D. Y. Lin and L. Ross（2002）. 'The bias blind spot: Perceptions of bias in self versus others.' *Personality and Social Psychology Bulletin* 28（3）: 369–381.

12　锚定是一个棘手的问题。阿莫斯·特沃斯基（Amos Tversky）和丹尼尔·卡尼曼于 1974 年做了一个关于锚定的经典实验。他们在 0 到 100 之间随机生成一个数字，然后让参与者估计非洲国家在联合国的比例是高于还是低于这个随机数字。当随机数字高的时候，参与者估值的中位数就会比低的时候大，锚定就暴露了。Tversky, A. and D. Kahneman（1974）. 'Judgment under uncertainty: Heuristics and biases.' *Science* 185（4157）: 1124–1131.

13　关于分类学，详见 Dimara, E., S. Franconeri, C. Plaisant, A. Bezerianos and P. Dragicevic（2018）. 'A task-based taxonomy of cognitive biases for information visualization.' *IEEE Transactions on Visualization and Computer Graphics* 26（2）: 1413–1432. See also Yagoda, B.（2018）. 'The cognitive biases tricking your brain.' *The Atlantic*（September）.

14　详见 p.79 of Kahneman, D.（2011）. *Thinking, fast and slow*, New York, Farrar, Straus and Giroux. 还可见于 Milkman, K. L., D. Chugh and M. H. Bazerman（2009）. 'How can decision making be improved?' *Perspectives on Psychological Science* 4（4）: 379–383. 对于决策和风险分析的具体偏见，请参见 Montibeller, G. and D. Von Winterfeldt（2015）. 'Cognitive and motivational biases in decision and risk analysis.' *Risk Analysis* 35（7）: 1230–1251.

15　Lawson, M. A., R. P. Larrick and J. B. Soll（2020）.'Comparing fast thinking and slow thinking: The relative benefits of interventions, individual differences, and inferential rules.' *Judgment & Decision Making* 15（5）.

16　去除偏见是个艰难的过程。例如，卡尼曼对偏见是否能够去除持怀疑态度。研究表明，偏见并不能阻止我们屈服，也不能让我们意识到自己持有偏见。详见 Pronin, E., D. Y. Lin and L. Ross（2002）.'The bias blind spot: Perceptions of bias in self versus others.' *Personality and Social Psychology Bulletin* 28（3）: 369–381. 不过，我们对于去除偏见也不是全然没有办法。参见 Soll, J. B., K. L.Milkman and J. W. Payne（2015）. A user's guide to debiasing. *The Wiley Blackwell handbook of judgment and decision making*. G. Keren and G. Wu. 最近的研究表明，部分培训可能也会有所帮助，详见 Morewedge, C. K., H. Yoon, I. Scopelliti, C. W. Symborski, J. H. Korris and K. S. Kassam（2015）.'Debiasing decisions: Improved decision making with a single training intervention.' *Policy Insights from the Behavioral and Brain Sciences* 2（1）: 129–140. Sellier, A.-L., I. Scopelliti and C. K. Morewedge（2019）.'Debiasing training improves decision making in the field.' *Psychological Science* 30（9）: 1371–1379.

17　我们做了错误的决策。从过程角度来看，糟糕的决策是非系统决策过程造成的结果，更准确地说，是跳过 FrED 模型的一个或多个步骤制定决策的结果。详见 Enders, A., A. König and J.-L. Barsoux（2016）.'Stop jumping to solutions!' *MIT Sloan Management Review* 57（4）: 63. De Smet, A., G. Lackey and L. M. Weiss（2017）.'Untangling your organization's decision making.' McKinsey Quarterly: 6980.［De Smet, A., G. Jost and L. Weiss（2019）.'Three keys to faster, better decisions.' *The McKinsey Quarterly*.］管理学家丹妮丝·M. 鲁索指出了导致糟糕决策的六种组织偏见。这些与我们的观察（稍加修改）不谋而合：解决错误的问题，忽视政治，只考虑一种备选项，专注于单一的标

准，狭隘的利益主导，过度依赖容易获得的证据。参见 Rousseau, D. M.（2018）.'Making evidencebased organizational decisions in an uncertain world.' *Organizational Dynamics*.

18　请参见 Campbell, D.（2019）. 'Redline: The many human errors that brought down the Boeing 737 Max.' *The Verge* 9. 还可参考 Clark, N. and J. Mouawad（2010）. Airbus to update A320 with new engines and wings. *The New York Times*. Polek, G.（2011）. Boeing takes minimalist approach to 737 Max. *Aviation International News*; Peterson, K. and T. Hepher（2011）. Race is on for sales of Boeing's MAX vs Airbus neo. *Reuters*. Hemmerdinger, J.（2021）. 'How and why Boeing re-engined the 737 to create the Max.' *FlightGlobal*. Campbell, D.（2019）.' Redline: The many human errors that brought down the Boeing 737 Max.' *The Verge* 92019. *The Guardian*（2020）. Boeing 737 Max readies for takeoff after EU signals safety approval is imminent. Gelles, D., N. Kitroeff, J. Nicas and R. R. Ruiz（2019）. Boeing Was 'Go, Go, Go' to Beat Airbus With the 737 Max. Herkert, J., J. Borenstein and K. Miller（2020）. 'The Boeing 737 MAX: Lessons for engineering ethics.' *Science and Engineering Ethics* 26（6）: 2957–2974. Smith, A., J. Maia, L. Dantas, O. Aguoru, M. Khan and A. Chevallier（2021）. Tale spin: Piloting a course through crises at Boeing. *IMD Case* 7–2279.

19　人们重视自己创造的东西的现象被称为宜家效应（IKEA effect）。请参见 Norton, M. I., D. Mochon and D. Ariely（2012）. 'The IKEA effect: When labor leads to love.' *Journal of Consumer Psychology* 22（3）: 453–460.

20　请参见 Pronin, E., T. Gilovich and L. Ross（2004）. 'Objectivity in the eye of the beholder: Divergent perceptions of bias in self versus others.' *Psychological Review* 111（3）: 781. Pronin, E., J. Berger and S. Molouki（2007）. 'Alone in a crowd of sheep: Asymmetric perceptions of conformity and their roots in an introspection illusion.' *Journal of Personality and Social Psychology* 92（4）: 585.

21　Ariely, D., W. Tung Au, R. H. Bender, D. V. Budescu, C. B. Dietz, H. Gu, T. S. Wallsten and G. Zauberman (2000). 'The effects of averaging subjective probability estimates between and within judges.' *Journal of Experimental Psychology: Applied* 6 (2): 130. Johnson, T. R., D. V. Budescu and T. S. Wallsten (2001). 'Averaging probability judgments: Monte Carlo analyses of asymptotic diagnostic value.' *Journal of Behavioral Decision Making* 14 (2): 123–140.

22　Maciejovsky, B., M. Sutter, D. V. Budescu and P. Bernau (2013). 'Teams make you smarter: How exposure to teams improves individual decisions in probability and reasoning tasks.' *Management Science* 59 (6): 1255–1270.

23　De Smet, A., G. Jost and L. Weiss (2019). 'Three keys to faster, better decisions.' *The McKinsey Quarterly*.

24　这就是所谓的群体极化，请参见 Sunstein, C. R. (1999). 'The law of group polarization.' University of Chicago Law School, *John M. Olin Law & Economics Working Paper* (91).

25　详见 Samuelson, W. and R. Zeckhauser (1988). 'Status quo bias in decision making.' *Journal of Risk and Uncertainty* 1 (1): 7–59.

26　我们尚未修正理念。贝叶斯更新（Bayesian Updating），即根据新证据更新思维，是 FrED 模型的核心，因此我们将重点讨论该模型。为了能够在商业环境中进行科学思考，最新研究发现，能够清晰定义假设，严格测试并根据测试结果做出决策的企业家明显优于未受过相同培训的企业家，详见 Camuffo, A., A. Cordova, A. Gambardella and C. Spina (2020). 'A scientific approach to entrepreneurial decision making: Evidence from a randomized control trial.' *Management Science* 66 (2): 564–586.

27　这句话被认为是约翰·梅纳德·凯恩斯曾经说过的，但有争议，因为有消息称，经济学家保罗·萨缪尔森（Paul Samuelson）说过类似的话语。请参见 Kay, J. (2015). 'Keynes was half right about the facts.' *Financial Times* 4.

28　第一系统思维和第二系统思维这两个术语是由心理学家基思·斯

坦诺维奇（Keith Stanovich）和理查德·韦斯特（Richard West）提出的，详见 Stanovich, K. E. and R. F. West（2000）. 'Individual differences in reasoning: Implications for the rationality debate?' *Behavioral and Brain Sciences* 23（5）: 645–665. 改编自 pp.20-28 of Kahneman, D.（2011）. *Thinking, fast and slow*. New York, Farrar, Straus and Giroux. 想了解更多内容，请参考 Barbara Spellman's introduction is a great primer［Spellman, B. A.（2011）. Individual reasoning. *Intelligence analysis*: *Behavioral and social scientific foundations*. C. Chauvin and B. Fischhoff, National Academies Press］. 卡尼曼的诺贝尔奖获奖演说提供了更多细节内容，请参见 Kahneman, D.（2002）. 'Maps of bounded rationality: A perspective on intuitive judgment and choice.' *Nobel Prize Lecture* 8: 351–401. 更多内容，请参考 Kahneman（2011）.

29　Riabacke, M., M. Danielson and L. Ekenberg（2012）. 'State-of-the-art pre- scriptive criteria weight elicitation.' *Advances in Decision Sciences* 2012, ibid.

30　FrED 模型是集思广益的结果。我们基于与数百名高管合作的经验开发了 FrED 模型，并整合了多个学科解决问题的方法，包括科学假设驱动的方法，请参见 Gauch, H. G.（2003）. *Scientific method in practice*, Cambridge University Press。还有工程学中的 TRIZ 方法论，详见 Ilevbare, I. M., D. Probert and R. Phaal（2013）. 'A review of TRIZ, and its benefits and challenges in practice.' *Technovation* 33（23）: 30–37。还包括设计师的设计思维方式和顶尖战略咨询公司使用的方法，详见于 Davis, I., D. Keeling, P. Schreier and A. Williams（2007）. 'The McKinsey approach to problem solving.' *McKinsey Staff Paper* 66。

31　不要相信大师们！在医疗机构中，专家的意见是最低等级的证据。预知更多信息，请参见 Galluccio, M.（2021）. Evidence-informed policymaking. *Science and diplomacy*, Springer:65–74, Ruggeri, K., S. van der Linden, C. Wang, F. Papa, J. Riesch and J. Green（2020）. 'Standards for evidence in policy decision-making.'

32 更多案例请参见 p. xxii of Barends, E., D. M. Rousseau and R. B. Briner（2014）, Evidence-based management: The basic principles, Amsterdam.

33 Pasztor, A.（2021）. The airline safety revolution: the airline industry's long path to safer skies. *The Wall Street Journal*.

34 Helmreich, R. L.（2000）. 'On error management: Lessons from aviation.' *British Medical Journal* 320（7237）: 781–785. Haerkens, M., M. Kox, J. Lemson, S. Houterman, J. Van Der Hoeven and P. Pickkers（2015）. 'Crew resource management in the intensive care unit: A prospective 3-year cohort study.' *Acta Anaesthesiologica Scandinavica* 59（10）: 1319–1329. Wahl, A. M. and T. Kongsvik（2018）. 'Crew resource management training in the maritime industry: A literature review.' *WMU Journal of Maritime Affairs* 17（3）: 377–396. Helmreich, R. L., J. A. Wilhelm, J. R. Klinect and A. C. Merritt（2001）. 'Culture, error, and crew resource management.' Haerkens, M. H., D. H. Jenkins and J. G. van der Hoeven（2012）. 'Crew resource management in the ICU: The need for culture change.' *Annals of Intensive Care* 2（1）: 1–5.

35 FrED 模型是迭代的过程，关于里特（Rittel）的棘手问题（wicked problems），详情请见 Rittel, H. W.（1972）. 'On the planning crisis: Systems analysis of the "first and second Generations".' *Bedriftsokonomen* 8: 390–396. 还有很多与 FrED 模型类似的方法，我们提出的过程只是众多帮助决策和解决问题的过程之一。其他方法包括：DODAR 法，即分析诊断、预设选项、做出决策、分配任务和反思回顾；源自航空行业的 FOR-DEC 法，即挖掘事实、预设选项、划定风险和利益、落实执行、回顾检查，具体请参见 Orasanu-Engel, J. and K. L. Mosier（2019）. Flight crew decision-making, *Crew resource management*. B. G. Kanki, J. Anca and T. R. Chidester. London, Academic Press: 139–183；OODA 循环，即观察、定位、决定、行动诸如此类的方法不胜枚举。伍兹（Woods）在其他学科中借鉴了 150 种策略，详情见 Woods, D. R.（2000）. 'An evidence based strategy for problem solving.' *Journal of Engineering Education* 89（4）: 443–459.

01

第一部分
搭建框架
——理解问题

你需要以下组成部分才能解决问题 [1]：

- 概括问题的主要困难——任务。
- 回答该问题的各种备选方案。
- 敲定备选方案的评估标准。
- 参照标准评估备选方案。

搭建框架是解决问题的第一步，即创建任务。搭建一个好的框架要比想象中难得多。搭建的过程需要通过迭代来实现。第一章将帮助你识别最初的任务并将其情境化。第二章和第三章帮助你通过修正错位信息和细化任务来更新框架。

通过搭建框架，你会意识到起初你对问题只有肤浅的理解。这是一个常见的陷阱，也是一个危险的陷阱。解决症状远不如解决病因有效。为了绕开避重就轻的陷阱，第三章将教会你如何诊断问题——也就是找出根本原因——并利用新的发现来改进探索。

在第一章的末尾，你会知道如何运用清晰简洁的框架整合问题，包括主角（英雄）、英雄想要实现的目标（宝藏）、两者之间的障碍（龙）和你想要解决的关键问题（任务）。

清晰简洁的理想框架

英雄：我是 Solveable Media 的首席执行官。Solveable Media 为美国医疗保健行业提供营销服务；Solveable Media 在过去的五年里一直拥有稳定的收入。

宝藏：我希望在未来五年内能够使 Solveable Media 的年收入增加 10%。

龙：但是，目前 Solveable Media 的销售团队人手不足。

任务：在未来五年内，我如何能在销售团队人手不足的情况下使 Solveable Media 的年收入增加 10%？

第一章 III
明确目标——搭建雏形

界定问题意味着明确你的问题具体是什么。为了帮助你界定问题，FrED 模型需要你厘清三个主要部分：①实质部分；②参与部分（包含利益相关者的信息）；③后勤部分。让我们从第一部分入手。

借用讲故事的原型叙事法，你可以将各个元素概括为一个问题，即任务。你再结合情境明确界定各方关系，即主角（英雄）、英雄想要实现的目标（宝藏），以及两者之间的障碍（龙）（见图 1–1）。

图 1-1　搭建框架示意图

与我们共事的管理者往往在没有正确认识挑战的情况下就开始寻求解决方案。他们认为"我们知道自己想要什么，所以我们不要把时间浪费在纸上谈兵上。我的任务是解决问题，把事情做好"。多么明智的做法！毕竟没有人愿意做事后诸葛亮。

不管你是否认可，总之搭建问题的框架十分重要。[2]人们倾向于低估他们不知道的东西，糟糕的框架就能解释为什么大量的战略决策都以失败告终。[3]首先，如果你没有搭建合适的框架，你可能就只是解决一个症状或一个显而易见的问题，而不是潜在的顽疾。[4]假设一个病人因为头痛去看医生，医生可能会开一片阿司匹林来缓解疼痛。如果头痛是由于前一天晚上聚会过度饮酒而引起的，这没什么问题。但如果病人的头痛是一个更大问题的症状，比如肿瘤，仅仅治疗症状可能会导致灾难性的后果。这就是为什么医生在开处方之前要进行正确的诊断，我们建议在处理管理问题时也采用类似的做法。

当你要求利益相关者支持你的结论时，不合适的框架会节外生枝。如果你在搭建框架时没有充分考虑利益相关者的观点，那么当你向他们"推销"你的方法时，你就会碰壁。

搭建有效的框架十分重要，因为你比利益相关者拥有更多的背景知识。为解决你的问题而筹备几天、几周或几个月的时间，你会很容易地推定利益相关者知道的背景知识比他们能做的事情要多。我们经常看到项目团队与其利益相关者之间的认知差距，我们将其称为知识诅咒（curse of knowledge）。1990 年，斯坦福大学心理学博士生伊丽莎白·牛顿（Elizabeth

Newton）做了一项实验，她将一群人分为"敲击者"和"倾听者"。敲击者必须选择一首著名的歌曲，比如《顺其自然》（*Let It Be*）或《生日快乐》（*Happy Birthday*），然后用手指在桌子上敲击节奏让倾听者猜测歌曲的名称。结果，成功率低得惊人：在被敲击的 120 首歌曲中，只有 2.5% 的正确率。然而，在敲击者敲歌之前，牛顿曾让敲击者预估倾听者的正确率是多少。敲击者预测倾听者能猜出 50% 的歌。[5] 你想知道敲击者为什么如此自信吗？你可以自己试试敲击游戏。你很难想象当你觉得耳熟能详的一首歌在脑海中播放时，其他人竟无法识别它。

当然，面对对方茫然的目光，我们的第一反应是更用力地敲。这是否让你想起了在一些团队会议中，当发言人的观点无法被听众理解时的状况？能够意识到这个诅咒其实是一种提醒，让你明白现实并不像你想象的那般浮于表面。幸运的是，一个好的框架有助于你解决问题。

我们应该如何搭建框架呢？根据我们对数百名高管的研究结果表明，用讲故事的方法能够起到一定的作用，特别是精彩的好故事，因为故事有因果关系。[6] 故事之所以有趣，是因为它们创造并解决了紧张感；故事之所以难以忘怀，是因为故事具有因果的逻辑结构。[7] 因此，你可以将问题概括成故事的形式，即包含一个主角（英雄）、一个目标（宝藏）和两者之间的障碍（龙）。将这三个元素结合在一起便创造了一个任务："英雄"如何战胜"龙"去获得"宝藏"。

寻找任务

搭建框架的良方之一就是从结尾开始——以任务为导向。这个任务是你的解决方案力求回答的一个首要问题。一旦你能够回答这个问题，你就有了前进的清晰策略，然后就是执行策略。

用"如何"开头的开放式问题来描述你的任务。封闭式问题可以用"是 / 否"来回答。例如，我们应该投资这个 IT 项目吗？相比之下，开放式问题能够帮助我们发散思维，拥有更多的备选项。例如，我们应该如何改善 IT 基础设施？或许时不时地用以"什么"来提问的问题开始你的任务是明智的，但根据我们的经验，这种情况极其罕见。这些以"什么"提问的问题及其他开放式问题——谁、在哪里、什么时候——通常可以用以"如何"来提问的问题替代（例如，"使我们的收入增加10% 的最佳策略是什么？"可以改成"我们应该如何将收入增加 10%？"）。

措辞恰当的任务描述为解决问题提供了明确的导向。[8]清晰的任务描述为执行者提供了明晰的解决问题的思路——而不是拔出萝卜带出泥般产生次生问题。例如，如果你想提高公司的盈利能力，就可以思考"如何提高盈利能力"，这是一个合理的任务，但如果考虑"如何让客户购买我们的产品"，那这就是不合时宜的探索，因为这是曲线救国的方法之一，而不是直接的解决方案。

尽管以任务为导向的解决方法很有效，但对于任务的恰当表述也很重要，这就是为什么我们要花大量精力仔细揣摩怎样描述任务。

我们有大量高管的亲身经历，包括：

- 鉴于 X 产品在过去两年中的销量有所下降，我们应该如何提高销量？
- 面对实力强大的竞争对手，我们如何能够进入 Y 市场？
- 鉴于高昂的成本，我如何能够在职业生涯中取得进步？

要想写出一个清晰的任务描述，你可以从三方面厘清任务的关键特征：类型、范围和描述问题的措辞。

- 首先，清晰的分类意味着回答问题的过程就是产生潜在解决方案的过程，而不是引发次生问题的过程。为了厘清任务，你需要从"怎么做"（而不是从为什么、谁在做、做什么或在哪里做）开始探索。
- 其次，明确的范围意味着任务的维度既不会太窄也不会太宽。
- 最后，规范的措辞意味着任务是相对独立的，即使是新手第一次阅读也能够理解。

在上述三个特征中，给任务划定明确的范围最具挑战性。你不相信？那就让我们一起来证实。请看图 1-2，你觉得我们的朋友查尔斯（Charles）认定的当务之急是什么？你可能想暂停一分钟再写下想法。写出想法固然重要，它能帮助你理清思路，所以我们强烈建议你多花几秒钟时间写下想法！

图 1-2　查尔斯的当务之急

当我们在课堂上提出这个问题时，参与者通常会回答："我该如何保证门的安全？"我们认可这个答案。这可能是查尔斯为自己设定的任务，但这是他的当务之急吗？显然不是，因为他房子的弱点不是门，而是地板。所以，查尔斯应该思考"我该如何保障房子的安全"。为什么设定的任务仅此而已呢？为什么不思考"我该如何确保我的生命安全"或者沿着这个思路思考"我该如何让我的生活变得更美好"？

任务范围的划定对问题的解决具有显著影响。划定的范围太窄，可能会因为以偏概全、因小失大而导致做无用功；划定的范围太广，可能会因为无的放矢、舍本逐末而导致效率低下。设定的目标应该介于两个极端之间，具有适当的范围。[9]

参考查尔斯在确定任务范围方面所面临的挑战，你可以用一分钟的时间来找出你所面临的复杂挑战中的首要任务。怎样划定范围才算恰到好处？为了全面掌控解决问题的过程，我们应该选择或排除哪些要素？揉理度情之后，我们能够运用 FrED 模型分析其余的任务。简而言之，不要过分追求完美，首要的任务是将方案付诸行动。接下来还有更多良策帮助你解决复杂问题（见图 1–3）。

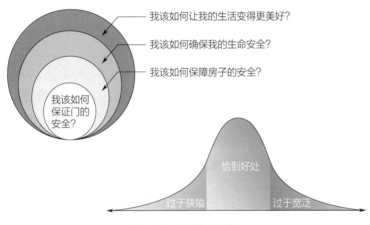

图 1–3　厘清首要任务

◎ 明察秋毫

我们以从孟买到罗马的长途飞行为例。在飞行之初，如果发生偏航，你可能会在几小时后到达阿尔及尔或莫斯科。同样的逻辑也适用于你的项目：如果在项目伊始没有正确定位目标，你可能不会取得期待的成果。换句话说，细节决定成败（参见上文的"框架问题"）。

路易十四的云霓之望——为什么在构思任务时字字千金 [10]

1661 年，路易十四时年 23 岁，他极其渴望展示国强君尊的实力。因此，他下令建造内有多处喷泉的宏伟建筑——凡尔赛宫（Versailles）。在鼎盛时期，凡尔赛宫及其花园内共有 2400 个喷泉。

路易十四希望通过喷泉喷出源源不断的水而向外国大使展示法国的雄厚国力。那时候，获得水是一种奢侈。然而自罗马时代以来，液压系统并没有得到改善。喷泉的水循环只能依靠重力，因此取水点需要低于水源地。问题是喷泉需要大量的水，而凡尔赛宫又位于水源地的上方。在大水秀期间，宫殿每小时消耗 6300 立方米的水（这相当于每小时排出两个以上奥林匹克游泳池规模的水）！

因此，1662 年，工程师们安装了一台马泵，每天可输送 600 立方米的水。此举一解燃眉之急，但距离目标还有一大段距离。一年后，工程师们安装了更大的马泵。然后他们建造了风车，挖了水库。虽然水的容量增加了，但距离目标还远远不够。在路易十四的推动下，工程师们想方设法提高给水和泵水水平。

1668 年，他们改变了比埃夫河的路线，并增加了更多的风车。七年后，他们建造了一条 1500 米长的渡槽。喷泉终于能每天运行几个小时了，这使得凡尔赛宫使用的水比整个巴黎使用的水还要多。然而，这仍然不够。

因此，工程师们提议从塞纳河抽水。这是个大胆的提议，因为塞纳河距离凡尔赛宫有 10 公里远，并且低于凡尔赛宫 140 米。工程师们创造了巨大的机器马尔利机械（La Machine de Marly），用两个水坝分流塞纳河。建造的这台机器是一个复杂的系统，有 14 个巨大的轮子，每个轮子的直径为 11 米，能够为 220 台抽水机提供动力，抽水高度达 165 米。这项工程需要 1800 名工人，耗时三年完成，耗资高达 550 万里弗（以今天的价格计算为 7.5 亿欧元）。马尔利机械被称为 17 世纪最复杂的机器，需要 60 个人操作。其理论抽水量为 3200 米 ^{3}/ 天，这个数字足以让人瞠目结舌。但对于凡尔赛宫的喷泉，它仍然无法满足需求。

至此，取水和泵水的任务仍未达成。1680 年，工程师们挖掘了许多湖泊，并将其与一条 34 公里长的人工河相连。1685 年，工程师们开始修建一条 80 公里长的运河。这是个庞大的项目，有 30000 人参与其中。然而，1689 年，法国与奥格斯堡联盟（League of Augsburg）交战，并濒临破产。因此，渡槽工程不得不停止，并且永远没有机会恢复。

最终，建造宫殿的三分之一钱款都用于为凡尔赛宫的喷泉供水。尽管工程师们已竭尽全力，但从来没有带来过足够的水。

那么，凡尔赛宫的喷泉是如何在水源不足的情况下运行的呢？汇聚了 30000 人，耗费了庞大预算的工程失败了吗？

答案是依靠吹口哨的方法。喷泉不再连续运转，而是靠吹口哨来控制。喷泉工人听到同事的口哨声就知道国王正在接近他的喷泉。然后，他会迅速打开水流，让国王与同行的被美景吸引的大使们欣赏到喷泉。喷泉工人只需要吹一声口哨，就能提醒下一个同事，并在国王一行人离开视线的那一刻，切断自己负责的喷泉水源。

为凡尔赛宫提供足够的水是工程师们一直悬而未决的问题，因为他们只专注于回答"如何为国王的喷泉提供足够的水"。

如果他们思考"如何为国王的喷泉提供足够的水以达到期待的展示效果"呢？

这两个问题几乎如出一辙，但解决方案却截然不同。这就印证了在一个框架中，"差之毫厘，谬以千里"的现象。

在实践过程中，我们不应该将解决问题的框架完全移交给自动驾驶仪（即第一系统思维），我们要不断地思考搭建的框架是否实现了实际想要达成的目标（即使用第二系统思维），这就需要我们时刻留意微弱的信号，做到明察秋毫。

赛车界的传奇人物胡安·曼纽·方吉奥（Juan Manuel Fangio）是个懂得留意细枝末节的人。由于方吉奥在 1950 年的 F1 摩纳哥大奖赛（Formula One Monaco Grand Prix）中获得了第一名，因此以杆位发车。在飞驰过第一个弯道时，他没有意识到身后的九辆车发生了碰撞，阻塞了道路。很快，他绕过赛道，快速接近隐藏在死角的事故现场。这时他看到标识着小心的黄色旗帜在飘扬。而真正引起方吉奥注意的是一个更细微的信号。"我察觉到了观众的不安。因为他们并没有看在比赛中领先的我，而是整齐地看向了另一个方向。于是我拼命刹车。"他说。他本能地举起手来警告后面的赛车手。[11] 方吉奥在那天夺冠了，并且最终获得了五次世界锦标赛的冠军。他举手示意的动作也成了拯救对手的前所未有的壮举。因为 F1 的事故通常是致命的，可怕的事故会缩短赛车手们的职业生涯。

方吉奥能够在 F1 摩纳哥狭窄的赛道上紧张比赛时察觉到微弱的信号，这一举动关乎生死。幸运的是，我们大多数人都不需要在如此严酷的条件下工作，我们也不需要做得那么好。尽管如此，在构建复杂问题时，留意微弱的信号仍是必不可少的。我们可能觉得重读任务有一种唠叨的感觉，甚至觉得奇怪。也许微弱的信号并没有准确地说出我们想要表达的意思，

甚至我们都无法察觉这个信号是什么时候消失的。本章简要地
介绍了微弱信号，你还能在本章和下一章中了解和掌握察觉微
弱信号的工具。

所有成果都需要付出努力，所以人们很容易知难而退。
千万不要望而却步。因为只要在解决方案过程的早期投入努
力，你都能获得巨大的回报。

◎ 决策贯穿全过程

问题框架为做出决策奠定了基础。[12, 13] 从理论上讲，我们通
常在构建问题并探索备选方案和标准之后做出决策。决策通常
会闪亮登场。在此过程中，基本组成部分——任务描述、备选
方案、重要标准及参照标准对每个备选方案进行评估——汇集
在一起。[14] 本书的第三部分涵盖了搭建框架的步骤，详细讨论
了如何做出深思熟虑的决定。然而，在实践中，决策不仅仅
发生在 FrED 模型的第三步。相反，它贯穿于解决问题的全
过程。

在搭建问题框架时，你需要明确任务。你还需要将任务置
于情境之中，判定哪些内容属于问题框架。在情境化任务的过
程中，你已经做出了关键决定，包括选择哪些利益相关者加入
解决问题的团队，哪些人适合作为智囊团，明确对利益相关者
告知的事项，以及将哪些人排除在外。

你需要决定如何在解决问题的过程中部署有限的资源。你
需要选择进行全面诊断还是冒险跳过诊断环节。你需要投入多

少精力去寻找备选方案？你需要评估几个备选方案？评估标准是什么？衡量尺度是什么？怎样评估备选方案？如何起草推荐信？上述决定都会对你的分析有深远影响，所以我们需要思考如何做到深谋远虑——尤其是直接影响搭建问题框架的决定。

不要不假思索地完成第一个浮现在脑海中的任务

　　奥德修斯［Odysseus，英文名为 Ulysses（尤利西斯）］是希腊伊萨卡（Ithaca）的传奇国王，也是荷马史诗中的英雄。他想听海妖的歌声，但又担心自己沉迷于此而无法自拔。于是，他命令船员把他绑在船桅上，以防跳海。他还让船员们在耳朵里涂上蜡，保护他们免受歌声的影响，从而保持行船的航向。奥德修斯意识到自己有限的自律性，于是采取了先发制人的措施。

　　直到今天，尤利西斯契约仍然能够使订立契约者在本人不愿意或无法按照自己意愿行事前未雨绸缪地进行自我约束。[15]奥德修斯的故事与研究结果不谋而合：这种契约意识可以有效地帮助我们保护不完美的自己。[16]由于在理解问题之前就能快速着手解决问题是件诱人的事，所以我们需要先把自己绑在船桅上。如果像奥德修斯一样，你也怀疑自己能否抵抗过早地陷入制订解决方案的诱惑中，那么你也可以在提交任务之前全方位地考虑各种阻挠你达成自己的尤利西斯契约的潜在诱惑，建议你按照发散—收敛的顺序照做。

- 第1步，发散：首先，为了充分考虑可能出现的任务，你会让与你共事的同事各自独立确定2~5个可能出现的任务。你可以通过书面头脑风暴法来实现这个目标。研究表明，书面头脑风暴法通常比头脑风暴更有效。[17]书面头脑风暴法就是请每个参与者至少写两个潜在任务。之所以写两个任务，是因为每个参与者都会在默认情况下或多或少地想起同一个任务。因此，如果你只要求写一个，那么答案可能会高度重合。因此，你应该要求参与者独立完成最初的思考，写出答案，避免影响其他人的想法（参见绪言中的锚定效应）。然后，你统一收集答案并随机分发给每个人以产生第二轮思想火花。参照尤利西斯契约，让承诺者承诺在数轮书面头脑风暴完成之前不能进入解决问题环节。比如，至少三轮书面头脑风暴或花一个小时进行练习。换句话说，你要让参与者充分地发散思维。

- 第2步，收敛：其次，你要专注于最佳任务，比较潜在任务。比如，各项任务的优缺点是什么？可以剔除某些任务吗？能够整合所有任务吗？一旦你对自己喜欢的任务感到相当满意，那就把它写下来，然后进入下一步——任务的情境化。

确定任务是一个重要的里程碑，因为你已经将复杂的问题简化为一个关键的问题。现在是评估的好时机：回答这个问题得出的策略，加上娴熟的执行，是否能解决你的问题？如果答案是肯定的，太棒了，你已经拥有了一个非常好的开端；如果答案是否定的，那么你可能还要在这个步骤上下点功夫。

任务的情境化

现在你已经确定了一个有价值的任务，接下来你要使用英雄—宝藏—龙—任务的序列将任务置于一个简洁的框架中，使任务情境化。英雄包含了所有用于介绍感兴趣领域的重要信息，包括主角，他可能是一个个体——通常就是你自己！但英雄也可能是一群人——一个团队或一个组织。用电影术语来说，英雄是建构性镜头。这个镜头要尽可能少地包含无效信息，要尽可能多地包含必要信息。让我们以路易十四为凡尔赛宫供水的挑战为例，分析建构性镜头的用法。

英雄：17世纪60年代，法国国王路易十四正在建造内含数百个喷泉的凡尔赛宫，他想欣赏喷泉，也想借喷泉的气势给外国政要留下深刻印象。我和五位同事（"我们"）效力于路易十四，担任水利工程师。

在这个例子中，水利工程师团队是英雄，而不是路易十四

（作为"太阳王"，如果他知道自己不是英雄，可能会对他本人造成毁灭性的打击）。

接下来需要呈现英雄的渴望，也就是实现一个压倒一切的目标，无论是经济上的成功、市场扩张、世界和平，还是幸福生活。这种渴望就是财富。在我们的例子中，宝藏可能是：

我们要为国王的喷泉带来足够的水以达到他期待的效果。

需要注意的是，在这个阶段，你的故事已经编纂完成。而对于英雄和宝藏，你只呈现了你所关注的领域。用编剧罗伯特·麦基（Robert McKee）的话来说，故事通常都"始于岁月静好"。太阳照常升起，日常生活也尽如人愿。[18]

换句话说，到目前为止，一切正常！同样重要的是，既熟悉你的问题又通情达理的人不会有任何异议。一切都如我们所期望的那样。检查你的"英雄＋宝藏"模式是否有问题的一个简单方法是确认它不包含任何"但是"或者"然而"。另一个检查方法是向关键利益相关者展示任务。每个人都会点头同意，还是持反对意见？如果持反对意见，你可能需要解决分歧。

任何有英雄和宝藏的好故事都需要龙的出现。龙是阻碍英雄获得宝藏的障碍。在讲故事的过程中，龙是打破生活平静的导火索。为了清楚地显示出这种紧张感，用"然而"来引出龙的介绍。宇宙万物皆怡然（"英雄＋宝藏"）；然而，一条巨龙正在破坏岁月静好。

龙：然而，向凡尔赛宫提供足量的水是一项艰难的任务。

龙存在的意义是在框架中制造紧张感，这种紧张感也将是你努力解决问题的助推器。如果没有龙，就没有紧张感，也就没有需要解决的问题！

任何问题里都存在着诸多潜在的龙，所以在选择最能给你和你的关键利益相关者带来压力和紧张感的龙之前，你要尽可能地考虑到形形色色的龙。

◎ 应对多重障碍

你会经常发现自己面对的不只是一个问题，如成本可能会失控、销售团队可能表现不佳、技术平台可能已经过时等。换言之，你将面对重重障碍，我们称这些障碍为幼龙。

对付幼龙有两种方法。一种方法是找到一个能够概括所有幼龙问题的总括问题——巨龙，然后以这条巨龙为代表搭建框架。你需要使用以巨龙为核心的 FrED 模型搭建的框架去解决问题。

另一种方法是细化现有的问题。根据 FrED 模型为每条幼龙编写框架，赋予它们各自的进程。每条幼龙都有框架意味着你将会有各种各样的任务。这就像电影续集。但是，续集不会在同一时间上映，这就意味着你将在不同的时间解决不同的问题。不管你选择什么方法，记住唯一的要求：框架中包括一个英雄、一个宝藏和一条龙，否则就不只是一个故事了。[19]

菲尔（Phil）梳理幼龙

菲尔加入了洛桑国际管理发展学院（IMD）的一个项目。他不确定如何搭建问题框架。"我想解决的问题是：我应该投入时间、金钱和精力来创办自己的企业吗？如果答案是肯定的，我应该创办什么类型的企业？这个问题可以分为两个部分：第一部分是，我是否应该创业；第二部分是，如果第一部分的问题是肯定的，那么我应该创办什么类型的企业。"菲尔的思路是正确的，他提出了两个问题，但是违背了我们对单一性的要求。

菲尔的考虑可以转化为一个问题：鉴于相关风险、资金和时间的投入，我应该如何创业？然而，这种框架并没有解决菲尔首先是否应该创业的问题。正如菲尔所指出的："我不确定这种新的框架是否抓住了问题的本质，尤其是'我应该先这么做吗'这一元素。同样，我也不确定两个挑战是否可以有效地合并为一个挑战，或者应该分成两个挑战。"

但事实并非如此。在进一步的探索中，菲尔发现了一个包含两个元素的探索："鉴于我目前的角色没有实现我的人生梦想，我应该如何规划未来 5 ~ 10 年的职业生涯？"

用一句话总结菲尔的多条龙："在我目前的角色中，我还没有实现我的人生梦想。"这一事实让菲尔理清了思路，同时也为评估和权衡每条可能的前进道路奠定了基础。

◎ 化零为整，总结问题：你的任务

将英雄、宝藏和龙集合在一起，任务就呼之欲出了："英雄应该如何在龙的阻挠下获得宝藏？"对于路易十四的工程师来说，他们的任务可能是：既然给凡尔赛宫供水是件艰难的事，那么我们怎样才能给国王的喷泉输送足够的水来博得他的欢心呢？

以下是其他任务：

- 鉴于我们的销售团队表现不佳，那么业务部门应该如何
  提高销售额？
- 在没有任何国际扩张经验的情况下，我们应该如何进入
  中国市场？
- 鉴于我们最强劲的竞争对手的运营成本更低，我们怎样
  才能阻止他们进入我们的核心市场？
- 鉴于波音 737 Max 的危机大大降低了人们对波音的信任
  度，戴夫·卡尔霍恩（Dave Calhoun）怎样才能让波音公
  司重新成为领先的飞机制造商？
- 如果我在目前的职位上没有实现我的人生梦想，我应该
  如何规划未来 5～10 年的职业生涯？

上述任务涵盖了广泛的主题，这些主题从表面上看都各有
特色。如果你不能越过这些表面特征发现共性，那么你就需要
每次都从头开始搭建解决方案的框架，这大大增加了重复的工
作量，并降低了你将创新想法应用于新问题的可能性。

如果你学会识别问题之间的共性——在问题自身结构上或解
决过程中——将大大提高你的能力，甚至解决你之前一无所知的
问题。因此，以一致的方式构建问题以使相似性更加明显是有价
值的。解决问题的方法之一是用一致的结构来制定任务：在"龙"
为障碍的条件下，"英雄"应该如何获得"宝藏"（见图 1-4）？[20]

在此阶段，你可能想要尝试为你的问题搭建框架。图 1-5

是梳理英雄—宝藏—龙—任务（HTDQ）的模板。你可以现在填写，也可以在龙圣™应用程序中搭建问题框架。

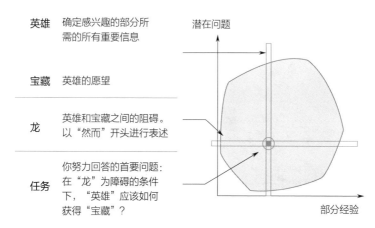

图 1-4　用一致的结构来制定任务

实质：

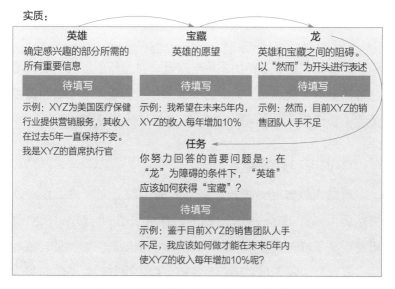

图 1-5　梳理英雄—宝藏—龙—任务的模板

完成框架：定义参与和后勤

回顾优秀框架的三个组成部分：实质、联动和后勤（见图 1-6 ）。

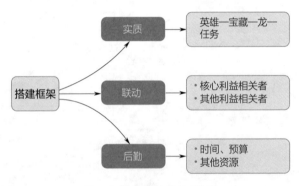

图 1-6　框架的三个组成部分

到目前为止，我们用英雄—宝藏—龙—任务解决问题，用它搭建基本框架。为了完成这个框架，我们还需要关键利益相关者（联动）和解决问题所需的后勤服务的关键信息。

◎ 识别利益相关者

驾驶飞机曾经是机长在副驾驶的协助下完成的工作，过去也曾由飞行工程师协助。然而，在过去的 50 年里，航空业重新定义了机组人员，因为有时空乘、调度员、加油员、装货员、登机口工作人员和地勤人员也可以提供驾驶舱无法获得的信息。尽管机长负责制定决策，但他的关键职责之一还包括决定让谁参与决策及何时参与决策。[21]

博采众长会有所帮助，但不意味着多多益善，因为过多征求他人意见会浪费时间。[22] 作为一名领导者，你不可能在失去效率的风险下就每个问题征求所有人的意见。那么，你应该在何时征求谁的意见呢？

首先，你需要识别两组关键利益相关者：

- 核心利益相关者是与你共同解决问题，以及对过程或结果拥有正式决策权的人。其中还包括负责做决定的人，因为他们与问题息息相关。[23]
- 其他利益相关者是不积极参与解决方案过程但颇具影响力，或者能左右解决方案结果的人。

在资源有限的情况下，你可能会受到启发，以不同的方式更积极地与核心利益相关者打交道。根据我们的经验，多听少说有益于理解说话人的观点，这些观点可能会转化为新的想法。此外，你在讲话时，不要只是分享你打算做什么，还要分享你为什么这么想，从而帮助对方理解得出结论的思路。

你要人尽其用，给参与者分配不同的角色，让有的人有发表意见的机会，有的人实际参与投票，有的人有正式的否决权。[24]

谁是你的飞行监控员 [25]

机长们接受过培训，他们会创造一个让机组成员感到舒适的环境，从而让机组成员能够在必要时提出问题、陈述意见和挑战权威。为了激励机组成员的上述行为，机长要学会在飞行过程中尽早地为机组成员创造发表言论的机会，并利用这些机会来表扬敢于发声的人。

此外，机组成员都接受过无论机长营造什么样的环境，他们都能直言不讳的训练。这种行为与对副驾驶角色的重新思考密切相关。

过去，机长即飞行员（PF: the pilot flying），他拥有全部决定权；副驾驶（PNF: the pilot not flying）是不执飞的飞行员。最近，副驾驶被替换为 PM（pilot monitoring），意为"飞行监控员"，这意味着即使不驾驶飞机，飞行监控员也要积极参与飞行操作，对飞行的安全负有共同责任。

飞行监控员肩负着支持飞行员飞行的重要责任，最主要的任务就是观察飞行员的表现以实行安全预警。为了促进责任的分担，飞行监控员被认定为机组成员。

如果你是解决问题的飞行员，那么谁是支持你的飞行监控员呢？

◎ 梳理后勤工作

框架的最后一部分详细说明了后勤保障工作，如准备投入多少时间、金钱和其他资源。以书面形式记录这些信息会促使你仔细思考。同时，它还有助于在工作开始时记录你的立场，因为立场有可能会随着项目的发展而改变。然而，在立场应该是有意识的决定的结果。最后，以书面形式记录有助于团队成员间建立共同的理解——心理学家称之为共享心理模型（SMM）——这个模型被证明能够有效地支持团队。[26]

图 1-7 是用于记录信息的模板。

联动

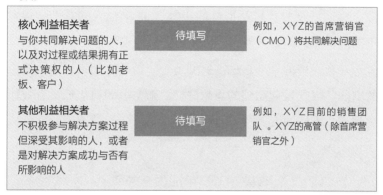

| **核心利益相关者**
与你共同解决问题的人，以及对过程或结果拥有正式决策权的人（比如老板、客户） | 待填写 | 例如，XYZ的首席营销官（CMO）将共同解决问题 |
| **其他利益相关者**
不积极参与解决方案过程但深受其影响的人，或者是对解决方案成功与否有所影响的人 | 待填写 | 例如，XYZ目前的销售团队 。XYZ的高管（除首席营销官之外） |

后勤

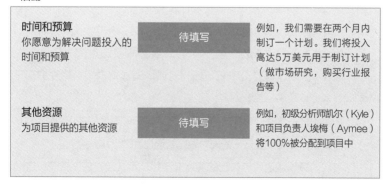

| **时间和预算**
你愿意为解决问题投入的时间和预算 | 待填写 | 例如，我们需要在两个月内制订一个计划。我们将投入高达5万美元用于制订计划（做市场研究，购买行业报告等） |
| **其他资源**
为项目提供的其他资源 | 待填写 | 例如，初级分析师凯尔（Kyle）和项目负责人埃梅（Aymee）将100%被分配到项目中 |

图 1-7　信息记录模板

寻求帮助

丹尼尔·卡尼曼和丹·洛瓦洛（Dan Lovallo）强调了从自内而外的角度考虑问题的危险性，即我们将每一个问题都视为一次性发生的事件。[27] 相反，他们建议我们采用由表及里的方法，将问题视为更广泛群体的实例。[28] 征求他人的意见会带来不同的观点，因为其他人会比你更轻易地看到你的盲点所在。

寻求坦率的外部意见需要创造一个鼓励人们秉持不同意见的空间，以便发起激烈的思想碰撞。航空公司机组成员有效地做到直言不讳的案例是有力的证据。

像模范机长般创造安全空间

团队中部分或全部成员的通病可能源于未检测、未指示或未纠正。[29]

有时，航空公司机组成员在执飞前几分钟才第一次见面，飞行前的汇报会为团队互动奠定基调。[30] 领导力专家罗伯特·吉纳特（Robert Ginnett）分析了航空公司机长如何有效地通过首次短会建立安全空间。

资深的机长会通过飞行前的三个活动来展示领导风格的适应性。

首先，机长要证实自己的能力，比如通过高效地组织会议。

其次，机长通过宣告自己的弱点或不足来承认自己的不完美。吉纳特举了一位机长在模拟机组成员会议开始前说的一席话为例："我只是想让你们明白，这架飞机上的座位是根据资历而不是根据能力分配的。所以无论你看到什么或做什么都有用,如果你能直接告诉我,我会十分感激。"

最后,资深的机长通过实时修改会议内容以整合会议期间出现的元素来吸引机组成员的加入。这使机组成员明白领导的决策会因时而进,因事而化,因时而新。[31]

虽然良好的框架从形式上看起来很简单,但是非常实用,因为你可以用只言片语就把你的问题展示给任何人——包括对它一无所知的人。然而,从形式上简化框架并非易事。你必须全方位思考问题,从不同视角进行对比、整合和精选属于框架中的内容。和其他技能一样,框架的简化需要努力和经验。第二章提供了更多提高技能的方法。

本章要点

我们都倾向于直接进入解决方案的模式,探寻非凡的答案。但如果从提出更好的问题开始解决问题,将会是一项更有价值的投资。你在跳转到解决方案之前,应着力于构建问题框架。

任何复杂的问题都可以归结为一个关键问题或任务。精准的任务具有特定的类型、范围和措辞。

此外，任务是结构中的一部分，它清楚而简洁地抓住了问题的本质：英雄—宝藏—龙—任务（HTDQ）。

- 英雄包含所有重要信息，包括主角，可能是一个人、一个团队或一个组织。尽可能少地包含无效信息，尽可能多地包含必要信息。
- 宝藏是指英雄的愿望。
- 龙是英雄和宝藏之间的阻碍。以"然而"开头进行表述。
- 任务是你努力回答的首要问题：在"龙"为障碍的条件下，"英雄"应该如何获得"宝藏"？

一个项目应该包括一个英雄、一个宝藏、一条龙和一个任务。仅此而已，这就是唯一性原则。

不要成为路易十四那样的人！在一项任务中，几句话就意味着30000名男子挖掘80公里长的运河和20多人在喷泉旁吹口哨的差异。

把自己绑在桅杆上。如果你像奥德修斯一样怀疑自己无法抵挡各种想要寻找解决方案的诱惑，那么你可以通过识别不同的任务，比较任务的差异性并选择最佳方案来使自己远离诱惑。

像世界冠军方吉奥一样注意微弱的信号。问题框架里的内容字字千金。大声说出你的英雄—宝藏—龙—任务序列。如果你觉得你需要暂时规避所写的内容，那就说明你还没有涉及这方面的内容。

不要自欺欺人，人们很容易过分相信自己是真相的唯一拥有者，然而现实却往往具有多面性。积极地与你的利益相关者协商可以提供良好的现实验证。

简而言之，要有条不紊，但不能压力过大。下一章将为你提供更多完善英雄—宝藏—龙—任务序列的问题框架的工具。

注　释

1　决策的组成部分。我们主要关注决策的四个关键组成部分：任务、备
选方案、参考标准和评估内容。另一种决策的组成模型请参考 p. 430
of Matheson, D. and J. E. Matheson（2007）. From decision analysis to
the decision organization. *Advances in decision analysis-From foundations
to applications*. W. Edwards, R. F. J. Miles and D. von Winterfeldt,
Cambridge: 419–450; p. 39 of Howard, R. A. and A. E. Abbas（2016）.
Foundations of decision analysis, Pearson Education Limited.

2　Bach, D. and D. J. Blake（2016）. 'Frame or get framed: The critical role
of issue framing in nonmarket management.' *California Management
Review* 58（3）: 66–87.

3　Walters, D. J., P. M. Fernbach, C. R. Fox and S. A. Sloman（2017）.
'Known unknowns: A critical determinant of confidence and calibration.'
Management Science 63（12）: 4298–4307. Poor framing partly
explains ... Paul Nutt（1999）. 'Surprising but true: Half the decisions in
organizations fail.' *Academy of Management Perspectives* 13（4）: 75–90.
可以从中找出三个解释企业中有一半的决策会失败的主要原因：管理
者向团队施压，限制团队寻找备选方案，向团队强加管理者的解决
方案，以及使用权力来实施计划。至于问题框架，纳特（Nutty）指
出："对管理者来说，界定问题是启动决策的一种常见方式。管理者
希望尽快根据问题的症状去迅速解决表象。通常结果是草率界定问题
具有一定的误导性。只分析症状会造成忽略更重要的问题。"因为证
据表明，在创业环境中，好的框架成就好的结果。"详见 Camuffo, A.,
A. Cordova, A. Gambardella and C. Spina（2020）. 'A scientific approach
to entrepreneurial decision making: Evidence from a randomized control
trial.' *Management Science* 66（2）: 564–586.

4　通常被称为第三类错误（Type Ⅲ error）。详见 pp. 180–181 of Clemen,

R. T. and T. Reilly（2014）. *Making hard decisions with DecisionTools*, Cengage Learning.

5 更多案例请详见 Elisabeth Newton's dissertation with the description of the tapping game-pp. 33–46 of Newton, E. L.（1990）. *The rocky road from actions to intentions*. Stanford University. 更多关于知识诅咒／专业技能诅咒的内容，详情请见 Camerer, C., G. Loewenstein and M. Weber（1989）. 'The curse of knowledge in economic settings: An experimental analysis.' *Journal of Political Economy* 97（5）: 1232–1254; Hinds, P. J.（1999）. 'The curse of expertise: The effects of expertise and debiasing methods on prediction of novice performance.' *Journal of Experimental Psychology: Applied* 5（2）: 205; Keysar, B., L. E. Ginzel and M. H. Bazerman（1995）. 'States of affairs and states of mind: The effect of knowledge of beliefs.' *Organizational Behavior and Human Decision Processes* 64: 283–293; Keysar, B. and A. S. Henly（2002）. 'Speakers' overestimation of their effectiveness.' *Psychological Science* 13（3）: 207–212; Heath, C. and D. Heath（2006）. 'The curse of knowledge.' *Harvard Business Review* 84（12）: 20–23.

6 Gershon, N. and W. Page（2001）. 'What storytelling can do for information visualization.' *Communications of the ACM* 44（8）: 31–37.

7 详见 P. 66–67 of Willingham, D. 'Why Don't Students Like School: A Cognitive Scientist Answers Questions About How the Mind Works and What It Means for the Classroom' 2010, Jossey Bass.

8 三位战略学教授会给出五个关于战略定义的答案！因此，为了简洁明了，我们将战略定义为实现总体目标的行动计划。

9 更多关于框架宽度的内容，请参考 pp. 46–47 of Wedell-Wedellsborg, T.（2020）. *What's your problem?*, Harvard Business Review Press.

10 Bibliothèque Nationale de France.（2015）. 'Le château de Versailles, 1661-1710-Les fontainiers.' Retrieved 11 May, 2021, from http:// passerelles.bnf.fr/techniques/versailles_01_6.php.

11 Williamson, M.（2011）. 'Fangio escapes the pile-up.' 2020（June 7）.

12 请参考 Bhardwaj, G., A. Crocker, J. Sims and R. D. Wang（2018）.
'Alleviating the plunging-in bias, elevating strategic problem-solving.'
Academy of Management Learning & Education 17（3）：279–301；
Chevallier（2019）. 'A rock and a hard place at RWH.' *Case IMD-7-2186.*

13 创造一个支持参与式决策的环境。协作决策专家山姆·肯纳（Sam
Kaner）建议：鼓励所有人说出他们的想法，促进对彼此需求和目
标的理解，并接受其合法性；找到包容各方的解决方案，而不仅仅
是最直言不讳的利益相关者，并认可所有人都有责任设计和管理决
策流程。详见 Kaner, S.（2014）. *Facilitator's guide to participatory
decision-making*, John Wiley & Sons, p. 24.

14 Keeney, R. L.（1992）. *Value-focused thinking: A path to creative
decisionmaking.* Cambridge, Massachusetts, Harvard University Press；
Howard, R. A. and J. E. Matheson（2005）. 'Influence diagrams.'
Decision Analysis 2（3）：127–143.

15 Spellecy, R.（2003）. 'Reviving Ulysses contracts.' *Kennedy Institute
of Ethics Journal* 13（4）：373–392. 还可参考 pp. 200–203 of Duke, A.
（2018）. *Thinking in bets: Making smarter decisions when you don't have
all the facts*, Portfolio.

16 Ariely, D. and K. Wertenbroch（2002）. 'Procrastination, deadlines, and
performance: Self-control by precommitment.' *Psychological Science* 13
（3）：219–224.

17 独立思考：实验证明书面头脑风暴法能够比头脑风暴产生更好的
效果。详见 pp. 109–111 of Rogelberg, S. G.（2018）. *The surprising
science of meetings: How you can lead your team to peak performance*,
Oxford University Press, USA. 也可详见 Heslin, P. A.（2009）.
'Better than brainstorming? Potential contextual boundary conditions
to brainwriting for idea generation in organizations.' *Journal of
Occupational and Organizational Psychology* 82（1）：129–145; Linsey,
J. S. and B. Becker（2011）. Effectiveness of brainwriting techniques:

comparing nominal groups to real teams. *Design creativity* 2010, Springer: 165–171; Kavadias, S. and S. C. Sommer（2009）. 'The effects of problem structure and team diversity on brainstorming effectiveness.' *Management Science* 55（12）: 1899–1913. 关于头脑风暴和书面头脑风暴法优势的比较，以及德尔菲法的具体阐释，请参考 pp. 125–128 of Chevallier, A.（2016）. *Strategic thinking in complex problem solving.* Oxford, UK, Oxford University Press. Keeney, R. L.（2012）. 'Value-focused brainstorming.' *Decision Analysis* 9（4）: 303-313.

18　McKee, R. and B. Fryer（2003）. 'Storytelling that moves people.' *Harvard Business Review* 81（6）: 51–55.

19　我们将在第七章深入探讨这个重要问题。

20　另一种方法是学会识别看似不同的问题中的相似之处。我们将在第四章讨论这种被称为类比问题解决法的方法。

21　机长负责召集机组成员，详情请见 p. 53 of Tullo, F. J.（2019）. Teamwork and organizational factors. *Crew resource management*, Third edition. London, Elsevier: 53–72.

22　De Smet, A., G. Jost and L. Weiss（2019）. 'Three keys to faster, better decisions.' *The McKinsey Quarterly*.

23　请参考 pp. 11–12 of French, S., J. Maule and N. Papamichail（2009）. *Decision behaviour, analysis and support*, Cambridge University Press.

24　关于快速角色分配法（the RAPID approach），详情请见 Rogers, P. and M. Blenko（2006）. 'Who has the D.' *Harvard Business Review* 84（1）: 52–61.

25　详见 pp. 54–58 of Tullo, F. J.（2019）. Teamwork and organizational factors. *Crew resource management*, Third edition. London, Elsevier: 53–72.

26　Dijkstra, F. S., P. G. Renden, M. Meeter, L. J. Schoonmade, R. Krage, H. Van Schuppen and A. De La Croix（2021）. 'Learning about stress from building, drilling and flying: a scoping review on team performance and stress in non-medical fields.' *Scandinavian Journal of Trauma,*

Resuscitation and Emergency Medicine 29（1）：1–11.

27 Kahneman, D. and D. Lovallo（1993）. 'Timid choices and bold forecasts: A cognitive perspective on risk taking.' *Management Science* 39（1）: 17–31. 还可参考 p. 117–121 of Tetlock, P. E. and D. Gardner（2015）. *Superforecasting: The art and science of prediction*, Random House.

28 Kahneman and Lovallo's suggestion［Kahneman, D. and D. Lovallo（1993）. 'Timid choices and bold forecasts: A cognitive perspective on risk taking.' *Management Science* 39（1）: 17–31］. 由表及里法的理念与小说家萨曼·鲁西迪（Salman Rushdie）的评论相呼应："只有走出画框的人才能看到整个画面。"

29 Sasou, K. and J. Reason（1999）. 'Team errors: definition and taxonomy.' *Reliability Engineering & System Safety* 65（1）: 1–9.

30 请参考 p.171 of Orasanu, J.（2010）. Flight crew decision-making. *Crew resource management*. B. G. Kanki, R. L. Helmreich and J. Anca. San Diego, CA, Elsevier: 147–180.

31 请参考 pp. 100–102 of Ginnett, R. C.（2010）. 'Crews as groups: Their formation and their leadership.' *Crew resource management*. B. Kanki, R. Helmreich and J. Anca: 79–110. 也可参考 Lingard, L., R. Reznick, S. Espin, G. Regehr and I. DeVito（2002）. 'Team communications in the operating room: Talk patterns, sites of tension, and implications for novices.' *Academic Medicine* 77（3）: 232–237. 还可参考 p. 307 of Rogers, D. G.（2010）. 'Crew Resource Management: Spaceflight resource management.' *Crew resource management*. B. G. Kanki, R. L. Helmreich and J. Anca. San Diego, CA, Elsevier: 301–316.

第二章 ///
适配任务——完善框架

第一章提供了构建解决问题基本框架的思路。让我们在第二章中学习如何完善框架。

统计学家乔治·博克斯（George Box）曾说过："所有的模型都是错误的，但有些模型是有用的。"他的意思是，模型在设计上是对现实的简化。因此，有用的模型是有用的简化：它们只保留了关键内容，而忽略了其他内容。

将框架视为模型。精准搭建的框架不是囊括问题的所有内容，而是对内容的简单性和准确性的平衡。在搭建框架时，你的任务就是尽量简化问题的逻辑，但不是过于简化。遵循以下四个规则（见图2-1）会使框架的搭建变得简单。

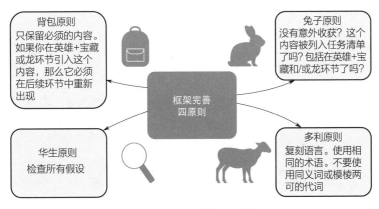

图2-1 框架完善四原则

轻装上阵——背包原则

"信息越多越好"的说法正确吗？不一定。研究表明，在解决问题时，少往往即是多。[1]不仅如此，我们尚且没有意识到，为了改进某些事物，与其添加，不如删除。[2]然而，正如非常精确的地图不一定有用（见图 2-2），或者功能齐全的产品不一定好用一样，[3]最详细的框架也不一定是最好的。事实上，根据我们的经验，简洁的框架似乎更合乎情理。

贝克先生的地图[4]

1931 年，电气绘图员哈里·贝克（Harry Beck）绘制了一张伦敦地铁的地图。

在此之前，地铁地图都是基于等比例绘制的，而贝克则对绘制的地铁图做出了巨大的改变，使地图更清晰明了。举例来说，贝克没有按比例绘制。地图中刻意扭曲的几何图形使地图的中心区域变得更大，而郊区的面积则相对减小。这使地图既包含了广泛延伸的网络分支，又突出了城市中心的复杂细节。这种视觉效果还依赖于 0 度、45 度和90 度角的直线。

这一突破性的设计可能是伦敦地铁最初拒绝贝克的原因，伦敦地铁将贝克绘制的地图定义为劣质的标志。一张精度较低的地图怎么可能会比精度较高的地图更好呢？

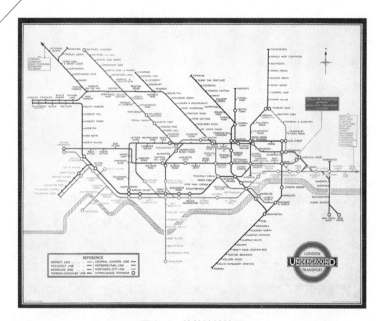

图 2-2　伦敦地铁地图

但在试运行期间，地铁用户更倾向于使用贝克的地图，该地图也
成为伦敦地铁的官方地图，后来还成为世界各地地铁图的模板。

我们遇到的常见和不利的陷阱之一就是试图将过多的信
息填充到一个框架中。我们多次看到，即使是经验丰富的
高管也会不明原因地展示与主要任务或"背景"无关的幻
灯片。

杰里（Jerry）提供了过多无效信息

杰里是一家大型保险公司的销售经理，他也是我们的项目参与者之一。他想帮助自己的公司向千禧一代的客户销售更多保单。在项目启动期间，他的任务是在两分钟内向其他项目参与者介绍他面临的挑战。首先他讲述了公司的历史，告诉同行们再保险流程的运作模式，并详细介绍了公司的组织架构图，以及在国际扩张方面成功和失败的经验。在他滔滔不绝的介绍过程中，他不断地告诉听众："请大家耐心听我讲，这些都是重要的背景信息。"时间所剩无几，此时杰里才急忙介绍他的任务。任务重点是增强他所效力的公司在社交媒体上的活跃度，然而，他在之前的讲话中丝毫没有提到这个重点内容。

杰里的演讲结构清晰，他细分了每一部分。但当他一波接一波地介绍背景信息（其中大部分只包含一些无关细节）时，听众已然淹没在背景信息的海洋中，台下最有礼貌的听众还在努力倾听，而其他人则在查看电子邮件或忙于其他事务。杰里的演讲框架包括了太多信息。他甚至还带来一张伦敦地铁的卫星照片，这一举动让听众们更加摸不着头脑，大家在想："他这么做的目的是什么？"

向听众提供背景信息固然重要，但这并不意味着你需要把所有信息和盘托出，指望听众在你演讲时筛选出有用的信息，剔除无效的信息。相反，你必须像贝克设计伦敦地铁图那样有所取舍地向听众展示。管理学者理查德·鲁梅尔特（Richard Rumelt）恰当地捕捉到了这个要点，他指出："所有领导者的重要职责都是吸收和消化复杂性和模糊性，然后将一个更简单的问题——便于解决的问题——传递给组织。"[5]

　　那么，如何避免过度填充问题框架呢？背包原则提醒你只带必需的东西。背包原则规定框架中出现过的某节点的有意义的（meaningful）信息必须在另一节点至少复现一次。[6]如果你在英雄节点提到你的公司在过去十年里一直保持着稳定的收益，那么你就需要在之后的宝藏、龙或任务节点再次提及这一点。否则，该信息可能不是属于基本框架的内容（见图 2-3）。

	不遵守原则	遵守原则
英雄+宝藏	我在纽约一家初创公司担任总经理。我们致力于为孩子们开发学习数学的软件。我们先从当地的孩子开始试验，但我们在英国看到了更多商机，也在英国找到了潜在的投资者 我打算去伦敦出差	我在纽约一家初创公司担任总经理 我打算去伦敦出差
龙	然而，我不知道我应该怎样去伦敦	然而，我不知道我应该怎么去伦敦
任务	如果我不知道如何从纽约到伦敦出差，我该怎么做？　✗	如果我不知道如何从纽约到伦敦出差，我该怎么做？　✓

背包原则
只保留必须的内容。如果你在英雄+宝藏或龙环节引入这个内容，那么它必须在后续环节中重新出现

图 2-3　遵循背包原则示例

　　背包原则得名于长途旅行前精心准备行李的过程。你最好仔细规划必须携带的物品，因为你选定的物品会全程陪伴着你。恩德斯清楚地记得我们去瑞士阿尔卑斯山的那次旅行。他带了一个露营用的炊具。但直到旅行结束，这套炊具一次都没被用过。并且，炊具非常重！所以，尽量轻装上阵：带上必需

品，放弃不必要的物品。

有效框架的共同点：框架中只有必要内容，仅此而已。从本质上讲，背包原则是对契诃夫枪支原则第二部分的重新表述，该原则以俄罗斯剧作家安东·契诃夫的名字命名，意即"如果在（一出戏的）两幕中，一把枪很明显地摆在壁炉上，那么这把枪最好能在第三幕时发挥作用"。[7]

避免意外——兔子原则

哲学家尼尔·托马森（Neil Thomason）提出的兔子原则是背包原则的镜像。兔子原则强调，魔术师需要先把兔子放进帽子里才能从帽子中变出兔子。[8]这波操作同样适用于搭建框架。任务中的所有内容都必须曾在框架中出现过，不要有意外出现（见图2-4）！

	不遵守原则	遵守原则
英雄 + 宝藏	我在纽约一家初创公司担任总经理 我打算去伦敦	我在纽约一家初创公司担任总经理 我打算去伦敦出差
龙	然而，我不知道我应该怎样去伦敦	然而，我不知道我应该怎样去伦敦
任务	如果我不知道如何从纽约到伦敦出差，我该怎么做？ ✗	如果我不知道如何从纽约到伦敦出差，我该怎么做？ ✓

兔子原则
不要有意外出现！这个内容被列入任务清单了吗？包括在英雄+宝藏和/或龙环节了吗？

图2-4 遵循兔子原则示例

请注意，契诃夫也考虑过这个问题，他建议"如果在戏剧的第三幕中有一支枪走火，那么这支枪最好在前两幕时就出现在壁炉上"。

在杰里的演讲中，听众面临的挑战不仅是信息的轰炸。杰里的任务中就有一只兔子——增强公司在社交媒体上的活跃度——这一信息在他的演讲中从未出现，这让听众感到更加困惑。

英雄—宝藏—龙—任务的简单性使高管们能够快速检查他们搭建的框架是否遵守了背包原则和兔子原则。高管们经常发现他们搭建的问题框架都需要或多或少的精简。但所有的努力都是值得的，因为框架的搭建加深了高管们对问题的理解程度。

复刻语言——多利原则

多利（Dolly）是世界上第一只克隆成功的哺乳动物。应用多利原则意味着在整个框架中使用相同的术语。不要使用同义词或模棱两可的代词（见图 2-5）！

多利原则可能会违背直觉！我们经常看到高管们在整理框架，重温他们在"轻松学英语"课堂上的记忆，在课堂上他们被告知不能重复。在解决问题时使用同义词来描述同一件事可能会让听众感到困惑。所以，不要试图根据你的英雄—宝藏—

龙——任务来创作文学杰作。相反，你要力求简单、清晰和简洁。如果简洁的框架让人感到无聊，那就顺其自然吧！再说，如果框架足够简短，人们也没有时间感到无聊！

	不遵守原则	遵守原则
英雄+宝藏	我在纽约一家初创公司担任总经理 我打算去伦敦出差	我在纽约一家初创公司担任总经理 我打算去伦敦出差
龙	然而，我不知道我应该怎样去英国	然而，我不知道我应该怎样去伦敦
任务	如果我不知道如何去国外出差，我该怎么做？ ✘	如果我不知道如何从纽约到伦敦出差，我该怎么做？ ✔

多利原则
复刻语言。使用相同的术语。不要使用同义词或模棱两可的代词

图 2-5　遵循多利原则示例

请注意，你可能会觉得不得不以两种不同的方式提及某事。发生类似情况时，除了考虑多利原则，问问自己为什么要使用不同的术语。这种内省会帮助你深入了解问题，从而揭示迄今为止尚未考虑过的细节。

检查假设——华生原则

2014 年，法国铁路运营商 SNCF 以 150 亿欧元的价格订购了 341 列新列车。几年后，当这些列车开始交付时，该公司意识到，对于法国各地火车站的 1300 多个站台来说，新购入的火车太宽了。改造站台需要额外花费 5000 万欧元。[9]造成这个代价高昂且令人尴尬的错误的根源是，工程师是根据 30 年前建造的站台宽度设计的这批列车。他们忽略了法国许多地区的火车站站台是在 50 多年前建造的。那时候的火车比较窄，所以站台的宽度也比较窄。工程师们假设较新的站台能够代表所有站台，但事实并非如此。

华生原则提醒你需要检查框架中的所有假设。这无异于向著名侦探夏洛克·福尔摩斯（Sherlock Holmes）的助手使眼色。当这对搭档在调查一个具有挑战性的案件时，华生经常因为忽略了一个关键线索而未能破案。检查是否遵循华生原则的一个好方法是验证框架中的所有论断是否合理（见图 2-6）。

	不遵守原则	遵守原则
英雄 + 宝藏	我在纽约一家初创公司担任总经理 我打算去伦敦出差	我在纽约一家初创公司担任总经理 我打算去伦敦出差
龙	然而，我不知道应该乘坐哪个航班	然而，我不知道我应该怎样去伦敦
任务	如果我不知道从纽约到伦敦应该乘坐哪个航班，我该怎么做？ ✗	如果我不知道如何从纽约到伦敦出差，我该怎么做？ ✔

华生原则
检查所有假设

图 2-6　遵循华生原则示例

遵循华生原则会让你再次集中精力。例如，它会让你重新划分原有事物的轻重缓急。事实上，检查假设的步骤十分重要，下一章将专门讨论这个主题。

我们真的需要更多的销售代理吗？

阿尔布雷克特·恩德斯是一家瑞士中等规模制造公司阿格顿（Agathon）的董事会成员。阿格顿的高科技磨床使刀具制造商能够将用于车削和铣削零件的超高精度刀具研磨到几微米的精度。此外，阿格顿还经营着一个业务部门，该部门主要生产导引系统，以用于模塑和冲压工具等。精度对于确保冲压金属板和模制塑料件（如 Swatch 腕带）或医疗技术零件（如注射器）的生产至关重要。由于其精良的导引系统生产能力，阿格顿被普遍认为是 B2B 市场的全球技术领导者——深藏不露的高手。

然而不利的一面是，与亚洲竞争对手相比，阿格顿的产品价格偏高，再加上销售团队的设置问题，阿格顿的市场覆盖面非常有限。出于历史原因，阿格顿主要通过独立销售代理的小型网络运营，这些代理将阿格顿的产品和其他公司的零件打包销售给模具制造商，主要面向欧洲市场。

在一次战略研讨会上，高层和一群年轻人共同探讨如何在整个欧洲，特别是在德国改善导引系统的销售现状。首要问题是如何增加销售代理的数量，或者如何确保销售代理会花更多的时间推广阿格顿的产品，而不是推销其他制造商的零部件。潜在的假设是，除了通过销售代理，没有其他销售方式。因为用内部销售团队大范围地覆盖销售区域和数以千计的客户会导致成本过高。

然而，随着讨论的进行，其中一位年轻人提出使用基于网络的销售平台向客户推介阿格顿的产品。这一想法反过来又促使团队扩大了探索范围。团队成员不再询问如何增加销售代理的数量或提升每个代理的效率，而是将范围扩展到"我们如何通过不同类型的销售渠道增加在德国的销售额"，这反过来又帮助团队以不同的方式思考整体框架的搭建，从而打开了更广阔的解决空间。阿格顿首席执行官迈克尔·默克尔（Michael Merkel）对这一提议发表了评论："这一全新的战略方法将来自不同领域和组织及不同层次的有识之士融合在一起，不仅改变了战略的质量，还改变了企业对战略的承诺。"

总之，对于阿格顿来说，遵循华生原则打破了固有思维习惯对团队成员的约束，从而发现了新的前进方式。

检查假设将帮助你搭建更成熟的框架，这将引导你找到更好的解决方案。检查假设还能使你更好地应对持怀疑态度的听众的现场提问。

调整自信程度

尽管在讨论中高度自信地表达的观点往往更有分量，但研究表明，高度自信并不一定意味着更高的正确性。[10]

那又怎样？你可能就想要验证你的校准能力。为此，你可以登录Clearerthinking.org[11]，找到评价校准能力的工具。例如你可以借助随机回答是非问答题"2016 年澳大利亚墨尔本的城市人口是否比中国福州的多"得出信心水平的结果，数值介于 50% 到 99%，表示从"猜测"到"非常有信心"。通过一系列问题来评估你的表现，就能够确定你是缺乏自信、过度自信，还是具有一定的自知之明。

此外，当你听到别人的意见时可能想要表达赞同，但是对这些意见的理解又不是特别精确。

使用框架改善思维（在一定程度上）

你的框架是你为你的听众量身定制的简明的问题陈述。熟悉你问题的人不会像对你的英雄、宝藏、龙或任务一无所知的人那样需要更多的情境描述。然而，在任何情况下，你的框架都应该简单到足以让你退休的父亲或十几岁的女儿很容易地理解。

好框架的特征是简单、清晰、简短的[12]

英雄：标致（Peugeot）是一个法国汽车品牌，目前不在美国市场销售。

宝藏：标致渴望进入美国市场，需要满足分销需求（即汽车销售和终身维修）。

龙：然而，标致在美国没有分销网络。

任务：如果标致没有分销网络，它应该如何满足其在美国的分销需求（即汽车销售和终身维修）？

如果你认为你的问题过于复杂，无法用搭建框架的方式来总结，那么你可以三思而后行。我们已经成功地用数百个框架帮助人们解决问题，到目前为止还没有在任何领域碰壁——从公司的金融到建筑、哲学或量子物理——所有问题都可以用英雄—宝藏—龙—任务的序列来概括。这个序列如此简单，以至于普通的青少年都能够轻易理解。以搭建框架的方式整合问题绝非易事，事实上，这是一个挑战，但它终会产生结果。框架十分有用，因为只有用清晰的思路才能搭建出完美的框架。通过简单、清晰、简短的问题陈述，你可以消除任何可能隐藏的歧义，使你的话语更掷地有声。

为了说明这一点，下面就有一个不止用一个短语来描述英雄的例子。即使在需要更多上下文的情况下，整个框架也只能占半页篇幅，这也是绝大多数问题所需页数的上限。

我们需要医生 [13]

英雄：在美国，医生在对患者进行手术之前，首先要求患者的保险提供商批准手术费用。为此，保险公司要求董事会认证的医生（"专家"）决定是否需要手术（做出"通过/不通过的决定"）。保险公司通常从第三方获得通过/不通过的决定，而不是聘请昂贵的专家。

桑德拉（Sandra）是 RWH 的首席执行官。RWH 是一家初创公司，专门为保险公司提供由合作医学院做出的决定，合作医学院的专家都是教授。RWH 的业务需求十分火爆，供不应求。桑德拉面临的主要挑战是向保险公司提供足够多的通过/不通过决定。为此，RWH 最近与 Major Medical School（MMS）签署了一项协议。

宝藏：桑德拉希望 RWH 继续向保险公司提供足量的通过/不通过的决定。

龙：然而，MMS 不会像对 RWH 承诺的那样提供通过/不通过的决定。

任务：如果 MMS 不像承诺的那样给 RWH 提供通过/不通过的决定，RWH 如何才能继续向保险公司提供通过/不通过的决定？

根据我们的经验，在重新设计框架时，遵循两个简单的原则会带来巨大的回报：①将想法写在纸上；②不要苛求完美。

◎ 将想法写在纸上

小说家弗兰纳里·奥康纳（Flannery O'Connor）说："我不知道我在想什么，直到我读到我说的话。"将想法写在纸上有助于从三个方面改进思路。首先，纸张创建了一个"硬盘"，你可以将信息存储在硬盘里，这释放了你的工作记忆——你将信息保存在短期记忆中并对其进行操作的能力。这很重要，因为工作记忆的局限性限制了我们解决问题的能力。[14]

其次，将想法写在纸上有助于在团队中引起共鸣，这是有效解决问题的基石。[15]

最后，将想法写在纸上还可以帮助你记录当时的想法。这样，如果你稍后修改项目的范围，这种更改将会是一个有意识做决定的结果，而不是无意识的随机行为。

◎ 不要苛求完美

最后要注意的一点是：不要纠结于找到完全正确的，甚至完美的框架。首先，世界上没有完美的事物。[16]只有学校的数学题才会有一个正确答案和无数个错误答案。然而，复杂的问题是主观的（定义不清的结果），因此没有一个客观上正确的解决方案。其次，你的框架应该代表你想向利益相关者分享的理念，但你还处于搭建框架的早期。随着不断推进，你会用新的证据去更新框架。这非常好！尽可能地把你的框架做好，但也要接受它的不完美，然后继续前进。

下面的清单（见表 2-1）总结了我们在本章和前一章中介绍的观点。为了帮助你内化想法，我们强烈建议你将这些想法应用到你的项目中，你可以很容易地在龙圣 ™ 应用程序中完成计划。

表 2-1　框架清单

框架清单		
实质：英雄—宝藏—龙—任务	实质：四大原则	联动与后勤
• 厘清任务的关键特征：类型、范围和问题的措辞 • 选择喜欢的任务并说明原因 • 确定感兴趣的部分所需的所有重要信息 • 宝藏是指英雄的愿望 • 龙是英雄和宝藏之间的阻碍。以"然而"开头进行表述 • 任务是你努力回答的首要问题 • 描述任务的模板是在"龙"为障碍的条件下，"英雄"应该如何获得"宝藏"？	• 遵循背包原则只保留必须的内容。如果你在英雄+宝藏或龙环节引入这个内容，那么它必须在后续环节中重新出现 • 遵循兔子原则在明确任务之前梳理必要的信息 • 遵循多利原则复刻语言 • 遵循华生原则检查所有假设 • 让新手在第一次阅读时就能理解框架	• 联动所有利益相关者 • 框架能够反映团队的共识 • 明确项目的后勤保障（时间、资金等）

本章要点

你可以通过使框架变得简单和简洁来改进框架。四原则助你搭建坚实的框架：

1. 背包原则：虽然地铁图可能不如照片清晰准确，但它的用途可能更大。框架只需包含必要的信息。

2. 兔子原则：契诃夫的枪只有在你曾经引入过它时才会走火。不要等到任务环节才呈现新信息，不然为时已晚。

3. 多利原则：清晰比多样重要。使用一致的语言，不要使用同义词或令人困惑的代词。

4. 华生原则：不要建造不符合车站规格的火车，检查所有假设。你应该能够为你在英雄—宝藏—龙—任务中的所有主张进行辩护。

切记言简意赅。你的框架最后应该能被一个普通的青少年所理解。如果你退休的母亲或十几岁的儿子不能解释框架的功能和意义，那么说明框架还不够精简易懂。

写下框架——既便于你自己记忆，也方便你的团队理解。

不要苛求完美。尽你所能，静观其变，利用反馈来改进框架，然后继续前进。新的证据即将浮出水面，所以无论如何你都需要更新你的框架。

注　释

1　详见 p. 189 of Haran, U., I. Ritov and B. A. Mellers（2013）. 'The role of actively open-minded thinking in information acquisition, accuracy, and calibration'. 评论详见 pp. 157–161 of Arkes, H. R. and J. Kajdasz（2011）. Intuitive theories of behavior. *Intelligence analysis: Behavioral and social scientific foundations.* B. Fischhoff and C. Chauvin, The National Academies Press: 143–168.

2　Adams, G. S., B. A. Converse, A. H. Hales and L. E. Klotz（2021）. 'People systematically overlook subtractive changes.' *Nature* 592（7853）: 258–261.

3　Thompson, D. V., R. W. Hamilton and R. T. Rust（2005）. 'Feature fatigue: When product capabilities become too much of a good thing.' *Journal of Marketing Research* 42（4）: 431–442.

4　Cartwright, W.（2012）. *Beck's representation of London's underground system: Map or diagram?* GSR. Jenny, B.（2006）. 'Geometric distortion of schematic network maps.' *Bulletin of the Society of Cartographers* 40（1）: 15–18.

5　鲁梅尔特谈如何消化复杂性。详见 p. 111 of Rumelt, R. P.（2011）. *Good strategy/bad strategy: The difference and why it matters*, Rumelt, R. P.（2012）.

6　注意句子中的"有意义的"（meaningful）这个形容词。没有意义的信息也是有用的，我们称之为上下文信息，以帮助听众了解情况。上下文信息不需要在序列的其他地方再次出现……你应该尽可能少地关注背景信息。

7　Higdon, M. J.（2009）. 'Something judicious this way comes ... The use of foreshadowing as a persuasive device in judicial narrative.' *University of Richmond Law Review* 44: 1213.

8　Rider, Y. and N. Thomason（2010）. Cognitive and pedagogical benefits of argument mapping: LAMP guides the way to better thinking. *Knowledge cartography: Software tools and mapping techniques*. A. Okada, S. J. Buckingham Shum and T. Sherborne. London, Springer: 113–130; Twardy, C.（2010）.'Argument maps improve critical thinking.'*Teaching Philosophy* 27（2）: 95–116.

9　BBC News.（2014）.'French red faces over trains that are "too wide".' Retrieved March 14, 2021, from https://www.bbc.com/news/world-europe-27497727. Carnegy, H.（2014）. New French trains too big for stations. *Financial Times*.

10　详见 pp. 147–151 of Arkes, H. R. and J. Kajdasz（2011）. Intuitive theories of behavior. *Intelligence analysis: Behavioral and social scientific foundations*. B. Fischhoff and C. Chauvin, The National Academies Press: 143–168. Bang, D., L. Aitchison, R. Moran, S. H. Castanon, B. Rafiee, A. Mahmoodi, J. Y. Lau, P. E. Latham, B. Bahrami and C. Summerfield（2017）.'Confidence matching in group decisionmaking.'*Nature Human Behaviour* 1（6）: 1–7.

11　Clearer Thinking.（2021）.'Make better decisions.' Retrieved 30 July, 2021, from https://www.clearerthinking.org.

12　详见 Kitman, J. L.（2018）. Peugeot returns to U.S. to help people get around, but not with its cars. *New York Times*. Achment, O., L. Girard, S. Kanabar, N. Köhler, S. Schnorf and A. Chevallier（2020）. Conquering America: Can Peugeot stage a successful return to the US? *IMD Case 7–2221*.

13　Chevallier, A.（2019）.'A rock and a hard place at RWH.'*Case IMD-7-2186*.

14　工作记忆约束思维。请参考 Baddeley, A.（1992）.'Working memory.'*Science* 255（5044）: 556-559; Dufresne, R. J., W. J. Gerace, P. T. Hardiman and J. P. Mestre（1992）.'Constraining novices to perform expertlike problem analyses: Effects on schema acquisition.' *The Journal of the Learning Sciences* 2（3）: 307–331. 还可参考 Dunbar, K. N. and D. Klahr（2012）. Scientific thinking and reasoning. *The Oxford handbook of thinking and reasoning*. K. J. Holyoak and R. G. Morrison. New York, Oxford University Press: 701–718.

15 建立对问题的共同理解是一个重要的里程碑。请参考 p. 83 of Riel, J. and R. L. Martin（2017）. *Creating great choices: A leader's guide to integrative thinking*, Harvard Business Press. For the value of shared understanding, see, for instance, Porck, J. P., D. van Knippenberg, M. Tarakci, N. Y. Ateş, P. J. Groenen and M. de Haas（2020）. 'Do group and organizational identification help or hurt intergroup strategic consensus?' *Journal of Management* 46（2）: 234–260; 还可参考 Lee, M. T. and R. L. Raschke（2020）. 'Innovative sustainability and stakeholders' shared understanding: The secret sauce to "performance with a purpose".' *Journal of Business Research* 108: 20–28.

16 请参考 pp. 266–267 of French, S., J. Maule and N. Papamichail（2009）. *Decision behaviour, analysis and support*, Cambridge University Press. 还可参考 p. 280 of Hayes, J. R.（1989）. *The complete problem solver*. New York, Routledge.

第三章 *III*

诊断问题

第一章和第二章展示了如何用英雄—宝藏—龙—任务（HTDQ）整合复杂问题。作为过程的一部分，华生原则建议你检查 HTDQ 中的所有假设。遵循华生原则非常重要，因为华生原则能够使你发现问题的根本原因，或者诊断问题的脉络。让我们在本章看看如何诊断问题的脉络（见图 3-1）。

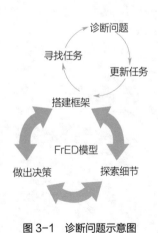

图 3-1　诊断问题示意图

BD 092 引擎故障误判 [1]

1989 年 1 月 8 日，英国米德兰航空公司运营的波音 737-400 飞机 BD 092 从伦敦希思罗国际机场飞往贝尔法斯特国际机场。当飞机从 28000 英尺（1 英尺 =0.305 米）处爬升到巡航高度时，机组人员突然感觉到强烈的颠簸。浓烟和焦味让他们认为其中一个引擎出现了故障。当机组人员将右引擎节流时，颠簸停止。因此他们认定问题出在右引擎上，并将其关闭。

然而，颠簸的消失纯属巧合。实际上，出现故障的是左引擎。随后当机组成员试图迫降到备降机场时，他们并没有验证之前的判断。在最后一次迫降时，最终左引擎完全失灵，飞机在离跑道 500 米处的地方坠毁。此次事故造成机上 126 人中的 47 人死亡。

理解问题时出现了偏差导致机组成员对 BD 092 的引擎故障做出错误判断。当左引擎出了故障时，机组成员却提出"我们该如何控制右引擎故障"的问题。事实上，糟糕的问题框架也常出现在商界：我们在洛桑国际管理发展学院（IMD）进行的一项为期两年的研究中，超过 55% 的受访高管表示，他们经常会看到糟糕的问题框架出现在公司的战略决策中。[2]

我们不应该认为搭建问题框架是无谓地浪费时间，会耽误我们完成任务，相反，搭建框架的过程是一种投资，它帮助我们从其他方面为解决问题打下坚实基础。除了你在第一章和第二章中获得的搭建框架方法，准确地诊断也有助于高效地搭建框架。

你可能会问为什么我们要在诊断之前搭建框架。因为，寻找问题的根本原因需要你凭直觉找到切入点。否则，你就要冒着"大海捞针"的风险，也就是说，一切都是遥不可及的。可以肯定的是，诊断可能会让你调整甚至完全改变最初的框架，只要时间充沛，适当地调整框架根本不是问题。然而，由英雄、宝藏、龙和任务构成的初始框架将给你提供第一感觉，引导你做出初始判断。

你可以使用两步法来诊断问题：首先，通过使用原因导图来确定潜在的根本原因——这是对问题潜在根本原因的可视化分解。其次，找出真正产生作用的潜在的根本原因。

遵循地图四原则绘制有效的原因导图

你应该考虑如何确定潜在的根本原因。假如你刚被任命为一家公司的总经理，就发现这家公司没有盈利。为什么会出现这种情况呢？也许你未能吸引足够多的新客户？或者原材料成本太高？或许还有其他原因在起作用。最终，在很大程度上，公司是否能够赚取丰厚利润取决于你识别根本原因的能力（或者根本原因可能不止一个）。就像英国米德兰航空公司飞行员关错了引擎一样，如果你只专注于降低原材料成本，而真正使利润降低的原因是你无法从新客户那里获得足够的收益，那么你采取的措施大概率不会奏效。

借鉴设计思维的书 [3]

通用电气（GE）的工程师道格·迪茨（Doug Dietz）是大型医疗成像设备的设计师。几年前，道格在一家医院检查核磁共振成像仪时，目睹了一个小女孩因为被放进这台又吵又冷的机器而受到极大惊吓的全过程。而且这并不是一个孤立的例子：孩子们被核磁共振机器惊吓的现象非常普遍，80% 的孩子在接受扫描之前必须注射镇静剂。遵循设计思维的方法，道格将自己沉浸在这些小病人的世界中，设身处地地换位思考，这样他就能从改善用户体验的角度来更新设计。改善用户体验的方法包括：

- 观察：在用户遇到问题的环境中观察和倾听用户的诉求，并体验他们用于解决问题的工具。
- 联动：与用户交谈，理解他们的行为、想法和感受。
- 沉浸：亲自体验。

道格利用分析得出的见解开发了一种完全不同于仅参考分析过程的解决方案：他将高科技核磁共振成像仪变成了一艘色彩鲜艳的海盗船，添加了音效，并给病人分发了服装。他还创编了一个故事，在这个故事中，核磁共振成像仪是一艘海盗船，病人必须非常安静地躲避海盗。这样一来，检查的过程变成了沉浸式的冒险，孩子们忘记了做检查的恐惧，欣然地接受了这种体验。

道格做出的改变是如此成功以至于接受过核磁共振检查的孩子们希望还能有第二次检查。这些变化还带来了积极的商业影响，复检的数量大幅下降，镇静剂的需求量大大减少，客户快乐了，检查过程高效了。这是一个关于设计和改变的鼓舞人心的故事。

诊断问题的根本原因（理解是什么造成了糟糕的体验）而不是改善表面现象（迫使孩子遵守常规流程）的理念帮助道格找到了一个全优的解决方案。

你所面对的复杂问题通常有很多潜在的根本原因，找出所有潜在的根本原因非常具有挑战性。此外，潜在的根本原因里也有一些是间接原因，这使解决问题变得困难。

当你在不熟悉的领域航行时，地图是无价的，因此绘制地图时出问题的潜在根源也是耐人寻味的。这就是要画原因导图的原因。

让我们一起了解一下原因导图（见图 3-2）。假设你的公司没有盈利，为什么会出现这种现象？利润率低可能源于两个原因，收入太低或成本太高（或者两者都有，这两点已经得到了解释，所以我们不再赘述）。根据你的分析，你可能会假设收入太低，因为你从新客户那里获得的收益太少，或者你从老客户那里获得的收益太低。同样，在成本方面，高成本可能来自高固定成本或高可变成本，高可变成本可能取决于高原材料成本或高功耗成本。这些分析你应该都能理解。

你可以通过绘制导图的方式，从两个维度找出问题的所有潜在根本原因：垂直方向，你可以探索新的根本原因类型；水平方向，你会得到更多细节。绘制导图是一种积极构造问题潜

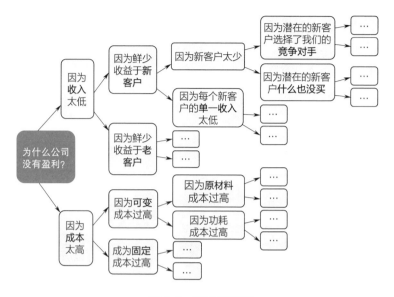

图 3-2　原因导图示例

在根源的有效方法。因此，有必要学习如何绘制原因导图。我们一起来了解"原因导图"遵循的四个规则。

◎ 导图规则 1：原因导图只能回答一个关于"为什么"的问题

　　开始绘制前，首先你要选择从受益最多的角度入手。原则上，你可以用"为什么"的问题专注于任务的各个方面，如"为什么是这个英雄""为什么选择这个宝藏"或者"为什么把它视为障碍"等。所有这些问题不仅充满趣味，还紧密相关。通过分析，我们发现将搭建框架的重点置于宝藏或龙时的收益最大。例如，你可能会问为什么某件宝藏对你十分重要，或者为什么你在之前的尝试中没有得到它。同样，你可能想要更好地了解前进的障碍，问一问为什么这条龙会成为你的阻碍，或者你为什么还没有降服这条龙。

在理想世界里，你将有足够的资源去多问几个关于"为什么"的问题，甚至所有问题！然而，实际上，你的资源是有限的，所以你通常只能问一个问题。因此，你面临的挑战是确定哪个问题对你的影响最大。就像选择任务一样，你可以邀请核心利益相关者参与其中，帮助你多选几个候选人，通过比较选出最佳人选。

一旦你选定了关于"为什么"的问题，你就可以开始绘制导图。好的导图会非常清晰，使事实一目了然。但正如英雄—宝藏—龙—任务一样，实现简单性也非常具有挑战性。

◎ 导图规则 2：导图的逻辑是从问题到潜在的根本原因

在原因导图中，你可以通过两种类型的问题来推导。水平方向，你可以通过直接追问"为什么"来帮助你了解更详细的潜在的根本原因。垂直方向，你可以通过直接追问"还有什么"来帮助你补充全新的潜在的根本原因（见图 3-3）。

参照丰田的全面质量管理法，你能够通过问五次为什么来发现问题的根本原因。[4]这是一个实用的通用规则，不过通过询问"为什么"来展开分支的耗时各不相同。相较于节点的数量，你应该将重心放在充分开发原因导图的内容上，使各个项

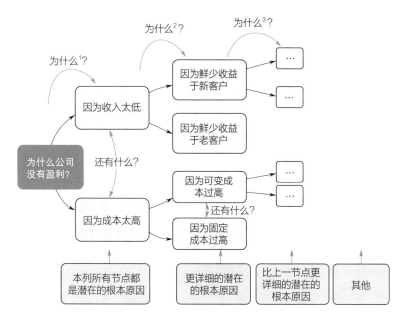

图 3-3　原因导图的逻辑示意图

目，即所谓的节点不再是概念性的答案（比如"因为我们的原
材料成本太高"），而是具体的答案（比如"因为我们在产品
中使用的碳纤维比实际需求多 10%"）。也就是说，你应该在
不同层次用"为什么"来提问，以达到不会被知识渊博的人追
问："那么，具体来说，这意味着什么呢？"需要注意的是，
你可能不需要把所有分支都开发到同一级别——有些问题可能
在几个节点之后就得到答案了，而有些问题可能需要更多节点
加以解释。这种差异的存在是正常现象。[5]

绘制原因导图应遵循简单的指导原则，使你的思维清晰、
简洁。

● 使用完整的陈述句。[6] 使用完整的陈述句来回答每个节点的问题而不是用短语回答。也就是说，让每个节点都能表达一个想法，而不仅仅是让回答变成一个标题。完整的句子有助于消除歧义。例如："为什么公司没有盈利？"如果其中的一个节点仅用一个标题来回答，比如"收入"，那么这个节点的内容就显得模棱两可：收入如何？收入是否过度多样化、是否减少、是否差异显著，还是没有差别？如果该节点仅显示"收入"，那么查看导图的人将要根据自己的理解进行解读，这将不可避免地产生歧义。相反，使用句子让每个节点都能表达一个准确的想法——"因为我们的收入太低"——就可以消除歧义。人们可能仍然不同意你的逻辑，这个答案也可能会引发一场辩论，但至少人们可以理解你的想法（见图 3-4）。

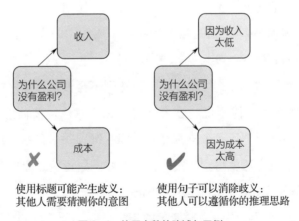

使用标题可能产生歧义：　　　使用句子可以消除歧义：
其他人需要猜测你的意图　　　其他人可以遵循你的推理思路

图 3-4　使用完整的陈述句示例

● 节点处保持清晰一致的表述方式。除了使用陈述句，你
还可以通过清晰一致的表述方式来提高答案的精确性。
首先，用"因为"回答以"为什么"开头的提问。这种
回答方式是顺理成章的，因为你正在回答关于原因的问
题。此外，你可以在有关联的节点组中使用并列短语结
构并突出显示正在变化的元素（见图 3-5）。

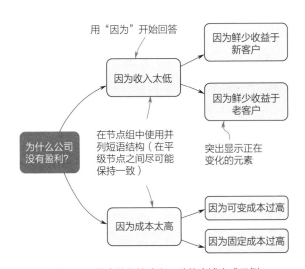

图 3-5　节点处保持清晰一致的表述方式示例

你可能会选择忽略这个建议。毕竟，导图中出现的
单词越少越好，所以省略"因为"这个连词会使导图更
加精练。但是在指导数百人绘制导图后，我们发现那些
按照规则构建节点的人拥有更完善的逻辑。我们认为强
制遵守规则迫使我们理清了思路。

● 使用根本原因整合导图。通常在绘制原因导图的过程中
会产生几十个节点，因此独立分析每个节点是不切实际
的。相反，根据原因的重要性归类每个节点更有意义。
为了让解决问题的方法更切合实际，我们要找出 2~5 个
类似的根本原因。

◎ 导图规则 3：用问题拆分分析法（MECE）
　　绘制导图

问题拆分分析法（MECE）是有效绘制原因导图的关键因
素之一。MECE（发音为"me-see"）代表相互排斥和完全穷
尽。问题拆分分析法是指企业能够对每个项目进行准确计算的
过程。[7]

下面来举一个实际运用问题拆分分析法的例子。当你开车
到达丁字路口时，你会怎么做？答案是你可以继续直行或向左
转，但你不能同时直行和左转。直行或左转是相互排斥的，也
就是说，做一件事就不能做另一件事。换句话说，备选方案不
能够重叠（见图 3-6）。

当你在丁字路口时，你会怎么做：

1.直行

2.左转

但你不可能同时直行和左转

图 3-6　问题拆分分析法示例 1

　　然而，当你身处丁字路口时，直行和左转并不是仅有的两个选项。你还可以调头、停车、改变方向，或者做出其他选择（见图 3-7）。

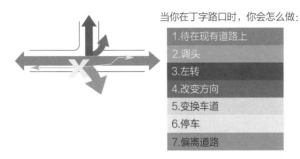

图 3-7　问题拆分分析法示例 2

　　如果你列出了所有可能的备选方案，那么该列表总体上是详尽无遗的。这意味着备选方案清单中没有留白。

　　因此，问题拆分分析列表没有重叠（ME）和空缺（CE）。作为一个整体，你不会遗漏任何选项，所以你的分析十分全面。由于相互排斥，你强迫自己厘清备选方案之间的关系，因此，你的思路也会随之变得更加清晰。

　　问题拆分分析法是一个简单的概念。然而，养成问题拆分分析思维绝非易事。如果问题简单且单一，你就能够有条理地拆分问题，比如遇到丁字路口应该怎么办（见图 3-8）。然而，如果你的问题涉及更抽象的概念，比如开发商业模式、激发员工的积极性、重塑企业文化等，那么，用问题拆分分析法解决问题可能是一项不小的挑战。

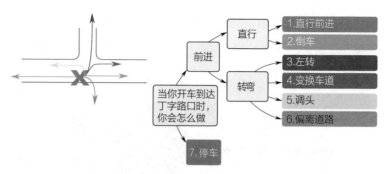

图 3-8　问题拆分分析法思维导图

　　总而言之，优质的导图都会涵盖问题拆分分析结构。导图的各个分支节点是相互排斥的，这意味着分支节点的内容不会重叠。例如，先前盈利能力的例子，如果导图的上部分支节点罗列了低收入可能导致公司不盈利的结果，那么下部分支节点就不会包括收入因素。如果收入问题已经在导图的上部分支节点中解决，那么这个问题就不会继续遗留。由于避免了重复性，你解决问题的过程就会更清晰明了。

　　分支节点应该全面详尽，不留余地。由于盈利等于收益减去成本，所以在盈利问题方面只考虑收益和成本就足够了，不必在导图中反映其他元素。

　　到目前为止，我们已经讨论了什么是问题拆分分析思维，但还没有具体到问题拆分分析思维的养成。我们将在下一章具体介绍，但此处需要说明：为了让你的分析无懈可击，你尽量不要评判自己的想法。将问题的所有潜在根本原因罗列在导图中，无论部分原因多么牵强附会。由于你不知道自己的盲点在何处，故将所有逻辑上讲得通的答案纳入你的原因导图中，无论它们看上去多么古怪。不要作茧自缚，立即构思，随后评估。[8]

◎ 导图规则4：原因导图具有洞见力[9]

好的原因导图具有在逻辑上既有效又有用的结构。让我们回到盈利能力的示例（见图3-9）。在第一层分析中，我们将问题分解为盈利能力的组成部分——收入和成本——就像我们之前做的那样。不过还有其他绘制导图的方法，稍事暂停，试着至少再找出一个方法。

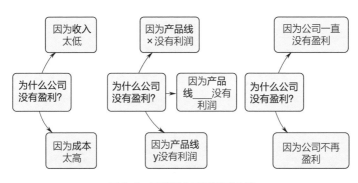

图3-9 盈利能力原因导图示例

例如，我们可以通过观察每个产品线的盈利能力来拆分关键问题。如果我们选择这种方法，我们所要做的就是绘制产品线的问题拆分分析图。

我们还可以看看缺乏盈利能力是遗留问题还是新晋问题。

通常情况下，至少存在两种方法来拆分导图的问题或节点。有些方法可能不容易找到，但它们确实存在。至少确定两个有价值的方法，因为它们能够帮助你从不同的角度分析问题，激发新的见解。

斯道拉·恩索集团（Stora Enso）重新思考对树木的看法

斯道拉·恩索集团是芬兰－瑞典合资的全球包装、生物材料、木结构和纸张（英雄）可再生解决方案供应商。在 2005 年左右，纸张的需求迅速下降，而对纸张的需求是斯道拉·恩索集团当时的主要收入来源之一。这促使该公司在 2010 年初为公司的树木寻找新的使用可能（宝藏）。

然而，斯道拉·恩索集团不知如何应对当前的问题（龙），可能是因为高管团队的思维方式仍然停留在对树木的传统应用上。斯道拉·恩索集团当时的首席执行官茹科·卡维宁（Jouko Karvinen）发现："我们只考虑了树木的物理元素。长木板可以当作建筑材料，小块木材可以变成纸浆用于造纸和制备加热颗粒，废料（如树皮）可以用来产生能量。"想要取得突破，我们就应该使用问题拆分分析法，包括分析树木的所有物理属性（CE），而且没有重叠的部分（ME）。然而，这种问题拆分分析的方式未能产生创新的使用理念——缺乏洞见力。

于是，斯道拉·恩索集团聘请了一位非本专业人士——工业工程师胡安·卡洛斯·布埃诺（Juan Carlos Bueno），他选择从不同的角度分析树木。他没有关注树木的物理元素，而是将注意力集中于生化元素。他从碎木中分离出与众不同的元素，包括木质素、纤维素和半纤维素，这些物质开辟了全新的商机。

其中之一是组建了 TreeToTextile AB，这是一家由 H&M 和宜家（IKEA）合资支持的企业，旨在利用树纤维素开发新型纺织纤维。

针对这一转变，胡安·卡洛斯·布埃诺发表了评论："在了解了生产纤维素的传统方法后——顺便说一下，这是整个纤维素工业已经实践了几十年的做法，我发现，该过程只要求分离纤维素，而将其余的生物质成分作为生物燃料燃烧来产生能源。现在我决定寻找替代技术，帮助我们提取其他成分来增加木头的价值，而不是把将近一半的宝贵原材料进行燃烧处理。"

我要强调的点是什么？斯道拉·恩索在如何"拆分"一棵树的过程中找到了更多潜力，从而发现了木头前所未有的价值。

最后，你只能从备选项中选择一个结构开始绘制导图。那么，应该选择哪个呢？当然选择最有见地的那个选项！在图 3-9 盈利能力的例子中，三个候选结构在逻辑上都具有有效性，洞见力可归结为有用性，而最终选择取决于具体环境。例如，如果你的盈利能力在不同的产品线之间存在较大差异，那么使用第二个候选结构可能是最有见地的，因为它将帮助你解决有问题的产品线，而让运行良好的产品线依然良好运转。同样，如果新晋问题是盈利能力不足，使用第三个候选结构可能会帮助你找到最重要的问题，如"哪些影响盈利的因素发生了变化"。根据这些问题，你就可以开始绘制原因导图了。

具体分析

我们能做的就是绘制一张原因导图，找出问题的潜在根源。坚持科学方法和概率思维，检验假设。

接下来，你可以使用四步引导法调查现有的证据是否支持或反对这些假设。[10]

1. 找到证据。识别并收集与假设相关的证据。
2. 评估证据。评估证据的质量。
3. 整合证据。从整体上评估证据，理解细节。
4. 做出决策。确定是否可以接受或拒绝该假设，或者是否需要更多信息去验证假设。

一个重要的考虑：寻找并支持反对的证据。例如，假设我们想要检验根本原因，如"我们公司不盈利是因为我们从新客户那里获得的收益太低了"。相关证据会影响假设的概率，在支持证据方面会增加假设的概率，在反对证据方面会减少假设的概率。但要注意，过于重视支持证据可能会造成过度自信。[11]

请注意，执行严格的分析有助于形成稳健的见解，也将增加找到更加有效的解决方案的概率。这种严谨性也会加强你与关键利益相关者的互动，因为你能够证明自己在收集和评估证据方面是彻底的和公正的。

对于每一种假设，你都会找到支持和反对的证据。[12] 这就是现实生活。（虽然这不是一个令人愉快的事实！）这些证据通常是不完整的、不确定的和模棱两可的（见图 3-10）。此外，偏见促使你寻找支持自己观点的证据，这可能会招致各种各样的麻烦。因此，你更应寻找反对的证据。因此，你要确定哪些证据会改变你的想法，并尝试获取这些证据。你的任务是寻找能力范围之内最强有力的证据——集中精力寻找反对的证据——最终决定你是应该拒绝正在测试的假设其实是一个根本原因，还是接受这点。[13]

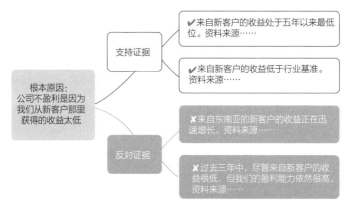

图 3-10　找到支持和反对的证据示例

最后切记，确定了代表根本原因的假设并不意味着能排除其他假设的影响。有时，我们的盈利能力很低是因为收入很低且成本很高。[14]

更新任务—重审问题

发现问题的根本原因可以帮助你更好地理解问题。例如，通过诊断你可能会得出这样的结论：公司没有盈利是因为收入低。更新英雄—宝藏—龙—任务的序列，将诊断得来的见解融入框架，使框架变得更加具体，而不是问一个宽泛的问题，如"我们应该如何提高盈利能力"。你现在可以问："我们应该如何增加收入"或者，通过诊断你可能会意识到，你所面临的问题超出了盈利能力，致使你将问题重新定义为"我们应该如何提高投资回报率"。

投资回报率、盈利能力和收入是相互关联的概念，犹如俄罗斯套娃一般你中有我，我中有你（见图 3-11）。你所做的选择与你所处的环境息息相关，你只有通盘考虑，才能掌握全局。诊断能够帮助你做出回报最高的选择，以蚓投鱼，事半功倍。

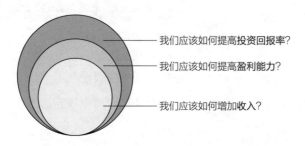

图 3-11 投资回报率、盈利能力和收入相互关联

我们强烈建议你通过绘制原因导图将想法付诸实践（应用程序龙圣™可以帮助绘图）。诊断分析之后，你需要通过修改英雄—宝藏—龙—任务的序列来反馈刚刚学到的内容。

总而言之，我们在第一章、第二章和第三章中所做的一切都是为了尽可能完善任务。接下来，我们将转换话题，探索其他选择——也就是问题的潜在答案。

本章要点

只解决肉眼可见的症状而不是潜在的病因会导致无效的努力，所以你应该准确地诊断问题。一般来说，你第一次遇到的你认为是问题的问题通常并不是真正需要解决的问题。

绘制原因导图可以帮助你确定问题的潜在根本原因。绘制原因导图应遵循以下四个规则：

- 导图规则 1：原因导图只能回答一个关于"为什么"的问题。
- 导图规则 2：导图的逻辑是从问题到潜在的根本原因。
- 导图规则 3：用问题拆分分析法（MECE）绘制导图。
- 导图规则 4：导图具有洞见力。

你需要通过分析相关证据来评估每个根本原因的可能性，尽可能获得高质量的证据——尤其是反例。

　　问题拆分分析思维意味着你的思考过程中没有空白和重叠的地方。你一定要做好准备，因为问题拆分分析思维极具挑战性。如果想要擅长这种思维方法，就要不断地训练。

　　只有超越传统思维才能让想法没有空白区域。有些创意想法可能会让人觉得奇怪或愚蠢，但它们值得推敲，因为你不知道这些想法能激发出什么好想法，所以不要自我怀疑。

　　最后，你需要总结出问题的根本原因，并更新框架以进行综合分析。

注 释

1　Air Accidents Investigations Branch（1990）. Report on the accident to Boeing 737–400 G-OBME near Kegworth, Leicestershire on 8 January, 1989（Aircraft Accident Report 4/90）. HMSO.London.

2　来到洛桑国际管理发展学院的大多数高管参加了一项为期两年的研究。我们也借机采访了超过 450 名高管，让他们分享他们在解决问题的过程中观察到的普遍问题，55% 的受访者反映了构建框架的问题。这些结果在地理位置、行业和资历级别上都是一致的。

3　pp. 16–24 of Kelley, T. and D. Kelley（2013）. Creative confidence: *Unleashing the creative potential within us all*, Currency.

4　Arnheiter, E. D. and J. Maleyeff（2005）. 'The integration of lean management and Six Sigma.' *The TQM Magazine* 17（1）: 5–18. Chapter 7 of Andersen, B. and T. Fagerhaug（2006）. *Root cause analysis: Simplified tools and techniques*. Milwaukee, WI, ASQ Quality Press. Card, A. J.（2017）. 'The problem with "5 whys".' *BMJ Quality & Safety* 26（8）: 671–677. Chiarini, A., C. Baccarani and V. Mascherpa（2018）. 'Lean production, Toyota production system and kaizen philosophy.' *The TQM Journal*.

5　如果想知道更多关于何时停止讨论的细节，请见 pp. 65–67 and 123–124 of Chevallier, A.（2016）. *Strategic thinking in complex problem solving*. Oxford, UK, Oxford University Press.

6　这种方法类似于使用断言证据结构设计幻灯片，事实证明可以加深理解和增强记忆。请参见 Garner, J. K. and M. P. Alley（2016）. 'Slide structure can influence the presenter's understanding of the presentation's content.' *International Journal of Engineering Education* 32（1）: 39–54; and Garner, J. and M. Alley（2013）. 'How the design of presentation slides affects audience comprehension: A case for the assertion-evidence approach.' *International Journal of Engineering Education* 29（6）:

1564–1579.

7 问题拆分分析法由来已久。一些顾问认为问题拆分分析思维是麦肯锡（McKinsey）咨询公司的产物，实际上它已经存在很长时间了。问题拆分分析思维在哲学界已经存在了几个世纪［最初由约翰·邓斯·司各脱（John Duns Scotus）于 13 世纪提出］，是概率论的重要组成部分。

8 Basadur, M.（1995）.'Optimal ideation-evaluation ratios.' *Creativity Research Journal* 8（1）: 63–75.

9 图表普遍受人欢迎。我们的问题导图——本章的原因导图和下一章的行为导图——都只是解决复杂问题的众多可视化工具之一。可参考 p. 47 of Chevallier（2016）。

10 改编自 pp. 89-92 of Sim, L. J., L. Parker and S. K. Kumanyika（2010）. *Bridging the evidence gap in obesity prevention: A framework to inform decision making*. Washington, DC, The National Academies Press.（改编意味着不再使用 LEAD 作为首字母缩写，但我们仍然决定保留它，因为将首字母缩写为 LESD 不是那么吸引人。）使用证据可能会很棘手，但能够获得技术支持。因此，首先请遵循本章中概述的四步引导法。如果你对更多内容感兴趣，请参考 Tecuci, G., D. A. Schum, D. Marcu and M. Boicu（2014）. 'Computational approach and cognitive assistant for evidence-based reasoning in intelligence analysis.' *International Journal of Intelligent Defence Support Systems* 5（2）: 146–172; and Tecuci, G.,D. Schum, M. Boicu, D. Marcu and K. Russell（2011）. 'Toward a computational theory of evidence-based reasoning.' 18th International Conference on Control Systems and Computer Science, *University Politehnica of Bucharest*. 关于深入探讨如何处理证据可参见 Anderson, T., D. Schum and W. Twining（2005）. *Analysis of evidence*. New York, Cambridge University Press.

11 请参考 Walters, D. J., P. M. Fernbach, C. R. Fox and S. A. Sloman（2017）. 'Known unknowns: A critical determinant of confidence and calibration.' *Management Science* 63（12）: 4298–4307.

12　有关如何使用证据的简要讨论，请参考 pp. 97–102 of Chevallier, A.
（2016）. *Strategic thinking in complex problem solving.* Oxford, UK,
Oxford University Press. 关于深度解决，请参考 Anderson, T., D. Schum
and W. Twining（2005）. *Analysis of evidence.* New York, Cambridge
University Press. Promoting evidence-based reasoning. 墨尔本大学（The
University of Melbourne）的 SWARM 项目组在结构化分析和让团队
利用特定优势进行预测之间找到了一个最佳点。Van Gelder, T., R. De
Rozario and R. O. Sinnott（2018）. 'SWARM: Cultivating evidence-based
reasoning.' *Computing in Science & Engineering* 20（6）: 22–34.

13　从形式上讲，我们不能接受一个假设，也无法拒绝这个假设。简单起
见，我们只能勉强"接受"。

14　在医学上，这种情况被称为共病。请参考 M. B.（2005）. 'Mutually
exclusive versus co-occurring diagnostic categories: The challenge of
diagnostic comorbidity.' *Psychopathology* 38（4）: 206–210.

02

第二部分
探索细节
——确定备选方案
和选择标准

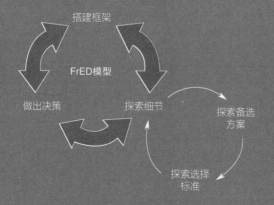

搭建框架

FrED模型

做出决策　　探索细节　　　探索备选
方案

探索选择
标准

建议你先回顾解决问题的四个条件：

- 概括问题的主要困难——任务。
- 回答该问题的各种备选方案。
- 敲定备选方案的评估标准。
- 参照标准评估备选方案。

我们当前的任务是把注意力转移到探索备选方案和选择标准上。

第四章展示了如何使用与原因导图相似的方法——行为导图来探索解决方案。第五章将展示如何探索最具潜力的备选方案的标准。

第四章 *III*

绘制解决方案空间图
——探索备选方案

到目前为止，我们已经以任务的形式确定了英雄、宝藏和龙。通过任务的形式，我们会竭尽全力地使用各种解决方案寻找诱人的宝藏。但是，通常情况下，显而易见的解决方案并不是最佳方案。如果让"自动驾驶仪"（第一系统思维）主导，它通常会选择次优方案（见图 4-1）。[1]

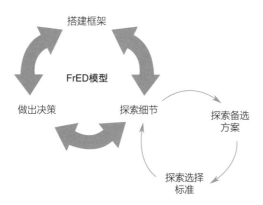

图 4-1　探索备选方案示意图

以一家在澳大利亚运营的全球商业服务公司为例。该公司的地区经理希望从总部获得 2000 万美元以寻求新的商业机会。当她的提议被否决时，她的第一反应是辞职。但她的团队说服她探索寻求商机的其他方式，比如与其他企业合作。最终，与其他企业合作的方式取得了成功。因此，超越显而易见的解决方案是有价值的。[2]

本章介绍了如何避免常见陷阱的方法，并且提供了一种套用模板来制订备选方案的系统方法。[3]

这个过程与我们用来发现根本原因的过程相同。[4]首先，我们要发散思维生成选项，绘制一张行为导图。一旦我们感到创造力匮乏，我们就会使用收敛思维，将潜在的选项整合成一组最有潜力的具体选项。然后，我们将系统地比较各种备选方案的优点和缺点（参见第六章）。

通过绘制规则，从左向右移动

原因导图和行为导图大同小异，只有微小的变化。让我们一起了解一下。

◎ 导图规则 1：行为导图只能回答一个关于"怎样做"的问题（见图 4-2）

行为导图回答的是一个单一问题，问题通常是这样的："英雄如何获得宝藏？"例如："鉴于……我们应该如何提升公司的盈利能力？"注意这个问题的微妙措辞。这种措辞是通过推迟对想法的评估来促进对想法的探索，即使这些想法看起来很荒谬。这种方法是我们从设计思考者那里学到的，他们有意地通过语言的张力来创造思考的空间。[5]

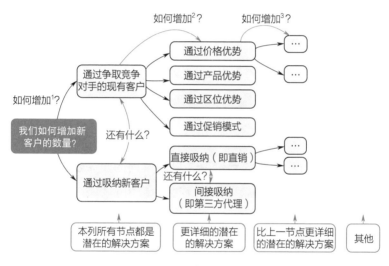

图 4-2　行为导图示例 1

　　关键点是导图中的每个节点，即选项，必须在没有其他节点的帮助下独立回答完整的问题。为了更好地理解，我们来看一个例子（见图 4-3）。如果你使用"坐船 / 坐飞机 / 坐汽车"来回答"我怎样从纽约到伦敦"这个问题，那么每一个选项都是独立的：任一选项都不需要其他选项的支持就能独立回答问题。你可以把答案想象成途径。

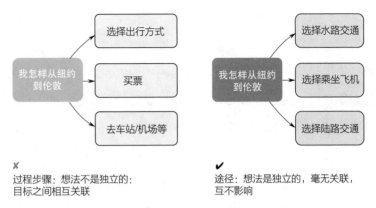

✘
过程步骤：想法不是独立的；
目标之间相互关联

✔
途径：想法是独立的，毫无关联，
互不影响

图 4-3　行为导图示例 2

相反，你可能会忍不住列出从纽约到伦敦需要做什么，比如，选择一种交通工具，买一张票，然后去机场。但这些步骤并不是独立的：从纽约到伦敦，以上罗列的每一步都需要完成。换句话说，这些不是选项，而是过程中的步骤。成功的行为导图列出的是解决问题的途径，而不是过程中的步骤。

◎ 导图规则 2：如何从问题过渡到备选方案

绘制导图时通常采用两类问题。横向地问"如何做"，通常达到三次甚至更多次。纵向地问"还有什么问题"来创建新的分支。这两类问题将引导你绘制解决方案，制定更加精确（从左到右）和更具创造性（从上到下）的选项。继续询问"如何做"，直到选项足够精确到如何具体实现。例如，从纽约到伦敦的一种方式是乘坐 BA1511 航班的经济舱。

就像原因导图一样，尽量用完整的陈述句来表述行为导图中的每个节点，这样每个节点都能陈述完整的想法，而不仅仅是一个概括性的标题。例如，如果你想增加公司的客户数量，不要只说"竞争对手的现有客户"，应该更加准确地表述为："通过争取竞争对手的现有客户"。每个节点都以"通过……的方式"来回答（见图4-4）。遵守这一规则可能会让整个过程多花几分钟的时间，但最终你会发现，每个节点的精确性有助于避免之后的困惑和误解。所以，总体来讲，这样可能会节省时间。

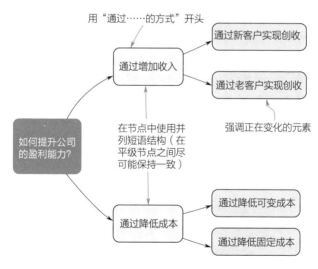

图 4-4　使用完整的陈述句示例

◎ 导图规则 3：用问题拆分分析法（MECE）绘制
　　行为导图

行为导图有两个主要功能。一个功能是探索解决空间，挖掘新的想法。另一个功能是系统地整合思考空间，这样你就可以一次性想出所有可能的答案。想实现这两个功能，就要使用问题拆分分析法。

如果你质疑绘制解决方案空间的必要性，请考虑这点：地图通过展示物理空间帮助你选择到达目的地的路线。身处陌生的地方，没有人会质疑地图的价值。行为导图通过提供解决方案，帮助你探索和整理备选方案，以便选择如何获得宝藏。

用问题拆分分析法绘制导图具有挑战性。请参照绘制原因导图的方法（详见第三章）来绘制行为导图。此外，想法越多，越有助于绘制导图：

- 将任意给定节点下的子节点数量限制在 3~5 个（见图 4-5）：当一个节点有很多子节点时，很难保持问题拆分分析法的结构或拆分分析验证问题的效果。我们应该都有过类似的经历，当看到一张有 15 个要点的幻灯片时，我们会立刻从心理上有所畏惧（并求助于智能手机），因为我们无法凭借一己之力理解混乱无序的东西。

  限制子节点的数量并不意味着你不用提出具体的想法。限制子节点是为了让你不要把所有的想法集中在一个层面上，而是循序渐进地推导。同时，不要让任何节点成为单个子节点，否则就说明存在问题：要么子节点之间有重合（至少需要一个同级节点），要么节点和子节点可以合并成一个节点。

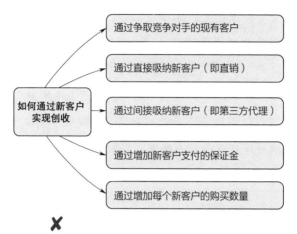

当一个节点拥有过多子节点时，很难保持问题拆分分析法
的结构或拆分分析验证问题的效果

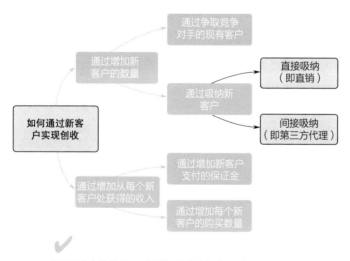

限制子节点的数量，通过增加关卡的方式，保持思路清晰

图4-5 限制子节点的数量示例

- **使构思具有逻辑性**：根据我们的经验，使用具有问题拆分分析结构的导图可以通过运用逻辑分析能力来激发创造力。例如，如果导图中的一个节点显示"通过从竞争对手那里争取的客户转换为购买我们产品的客户"，那么你就可以使用该节点来识别新客户的其他来源。如果我们可以通过从竞争对手那里"窃取"客户来获得新客户，那么同理，我们还能从哪里获得新客户的资源？我们是否能够实现"通过将目前不购买此类产品／服务的客户（我们的目标客户或我们竞争对手的目标客户）转变为购买我们产品的客户"？在这种情况下，通过问题拆分分析，你能够获得寻找新客户来源的新思路。通过创建节点，你可以设置空的"思维桶"，让你的大脑得到定向刺激后产生相应的想法。根据我们的经验，这种激发思维的方式比面对一张空白纸张要有效得多，可以促使更广泛的想法产生。

  现在，你要实事求是：导图上的大多数想法都不可行或不可取，所以最终你会放弃大多数想法，但不要因此阻止了你创新的脚步。只有产生想法才能绘制导图，更何况稍后你还会对导图的节点进行评估。

- **各个节点都具有相对独立并完全穷尽的特点，即 ICE （Independent and Collectively Exhoustive）**：导图是问题拆分分析结构。因此，如果一个想法已经出现在某个节点中，那么它就不会重复出现在其他节点中。导图会包含所有潜在的想法。导图中的节点，即想法，是独立的并完全穷尽的。"独立"意味着一个想法可以在没有其他想法的帮助下实现。我们可以同时拥有多个想法，这些想法不需要互相依存（见图 4-6）。

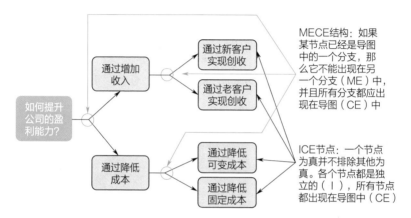

MECE结构：如果某节点已经是导图中的一个分支，那么它不能出现在另一个分支（ME）中，并且所有分支都应出现在导图（CE）中

ICE节点：一个节点为真并不排除其他为真。各个节点都是独立的（I），所有节点都出现在导图中（CE）

图 4-6　各个节点都具有相对独立并完全穷尽的特点

◎ 导图规则 4：行为导图具有洞见力

好的行为导图不仅囊括了问题拆分结构中的各种想法，还可以帮助你找到含金量高的备选项。这意味着行为导图具有洞见力：正确的逻辑和附加的价值。让我们再一次回顾从纽约到伦敦的示例。你可以通过多种方式开始绘制行为导图，比如突出显示交通工具（见图 4-7）：

- 类型：表示"通过（陆路 / 空中 / 水路）的方式旅行"。
- 价格：表示"使用（免费 / 付费）的交通工具旅行"。

● 碳足迹："通过使用（低／中／高）碳足迹的交通工具
  旅行"。

● 风险："通过使用（低／中／高）风险的交通工具旅行"。

你也可以从速度、便利性、舒适性、灵活性、私密性入
手。事实上，绘制行为导图的方法多种多样，那么，你应该如
何开始绘制行为导图呢？当然是选择最有见地的角度！然而，
即使我们对洞见力有明确的定义（逻辑上有效且有用），不同
的人对洞见力也是见仁见智。

图 4-7　从突显交通工具角度绘制行为导图

例如，你可能像大多数商务出差和旅行者一样，更喜欢传
统的出行方式，那么第一个结构提供了最有用的分类。无论使
用哪种结构，除非与另一个结构进行比较，不然你不会知道第
一次分类有多么重要。所以，你要考虑对第一次分类至少进行
两次尝试，然后再扩展导图（见图 4-8）。

另一种帮助你更有见地的方法是避免使用"其他"，尤其
是在第一个节点（见图 4-9）。使用"其他"会自动使行为导
图达到没有空缺的级别，乍一看似乎很棒。但行为导图的关键

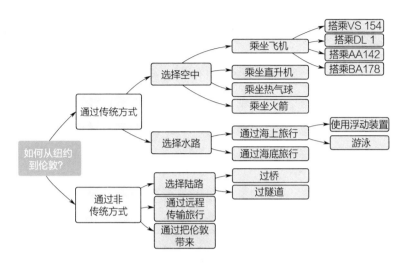

图 4-8　扩展行为导图示例

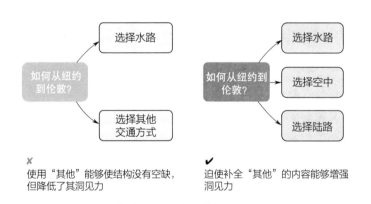

✗
使用"其他"能够使结构没有空缺，但降低了其洞见力

✔
迫使补全"其他"的内容能够增强洞见力

图 4-9　避免使用"其他"以增强洞见力

价值之一便是展示具体的想法，当你使用"其他"时，有些想法就不会出现，至少不会在这个节点出现。为了测试行为导图的真实性，你必须至少整合两级节点的内容，虽然这很难做

到。因此，为了获得洞见力，最好不要使用"其他"作为节点
之一。

当你想创建一个占位符以便稍后返回时，你可以不遵从
"不使用'其他'"的准则。另一个例外是当你已经处于更高级
别节点的时候。因此，行为导图的任何部分都只对解决方案空
间的有限部分产生影响。

从右向左移动以创建其他选项

推广头脑风暴的心理学家亚历克斯·奥斯本（Alex
Osborn）说："拥有一个好主意的最佳办法是拥有很多主意。"
同样，诺贝尔奖获得者莱纳斯·鲍林（Linus Pauling）指出：
"获得好想法的方法是获得大量想法并摒弃不好的想法。"你
可以参考爱迪生（Edison）在选择碳丝之前用数百种材料导电
的著名实验来验证这种想法。爱迪生曾说过："我不是失败了
一万次——我是成功地找到了一万种行不通的方法。"经验证
据也支持这种说法，即拥有更多的想法有助于你拥有更好的
想法。[6]

行为导图的主要功能是帮助你系统地探索和管理解决方案
空间，从而帮助你完成发散思维的任务。在绝大多数情况下，
绘制有效的导图需要从左到右（即使用结构来识别想法）或从
右到左（即使用非结构化的想法列表来识别有先见的结构）进

行（见图 4-10）。你可以从你喜欢的那一边开始绘制，你也有可能在分析过程中两头受益。

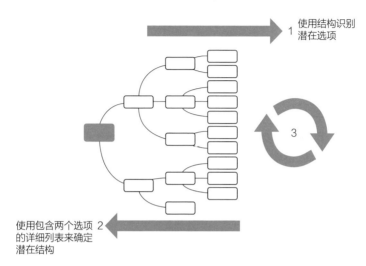

图 4-10　绘制行为导图可从左到右或从右到左进行

　　我们已经详细讨论了从左到右绘制行为导图的方式。现在让我们快速了解产生新想法的三种具体方法：举一反三法、问题重构法和释放约束法。

提倡（有建设性的）异议[7]

　　在某些文化中，特别是在那些具有高权力距离的文化中，群体很容易默认"HiPPO"，即高收入群体的意见（the Highest Paid Person's Opinion）或其他形式的不良共识。为什么不能达成共识？因为低级别群体成员的自我审查阻止了团队从不同视角的摩擦中获益，更别提实现创新。

利益相关者群体的多元化可以避免群体成员的想法过于相似。多样性包括身份多样性，涉及人们的年龄、性别、文化和种族身份，以及功能多样性，比如人们如何表达和解决问题。[8] 身份多样性有助于减少经验缺乏带来的不利影响，而功能多样性可能对解决方案空间进行更详尽的搜索有帮助。[9] 研究表明，后者能够对团队绩效产生积极影响。[10]

总的来说，我们希望组建一支具有不同观点和专业知识互补的团队。[11] 我们应该在做出决策之前进行激烈的辩论，因为不同的意见是避免群体思维（即群体成员变得越来越不独立 [12]）产生或其他次优意见聚合的有效手段。[13]

此外，如果你是团队中级别最高的人，那么你要考虑完全置身于创意产生过程之外。不是因为你不会有好的想法，而是因为你的存在可能会限制其他团队成员发挥创造力。[14]

建议保留各种促进异议的方法，包括指示性异议，例如要求团队的部分成员秉持与共识相反的立场（扮演魔鬼的拥护者），无论他们的个人意见如何。[15] 这些方法都可以提高讨论的质量。[16]

◎ 举一反三法

你可能很想知道如何开启创意之旅。首先，你可以向相同领域或不同领域的问题解决者学习，尝试将他们的解决方案套用到你的问题上。

如果一位高中校长想要加快自助餐厅午餐排队的速度，那么她可以查看是否有些队伍的移动速度比其他队伍快，是否当前的队伍移动速度比以前慢，或者参考其他学校的可靠做法。她还可以研究其他包含结账流程的机构——便利店、机场值机台或公共游泳池。她还可以与普通管理人员交谈经验，如体育场馆、游乐园或购物中心的管理人员。为何要止步于此呢？

有时你可以从看似无关的来源中获得灵感，比如通过观察自然界来帮助进行工程设计——这种做法被称为仿生学。著名的日本高速列车新干线的工程师们就使用了仿生技术。起初，他们设计的火车在高速驶出隧道时会受到刺耳声波的影响。为了获得灵感，设计团队的工程师们在自然界中寻找一些能够应对空气阻力突然变化的东西。他们发现，翠鸟特殊的喙能使它以最小的能量损失从低阻力的空气潜入高阻力的水中。这一重大发现启发新干线的工程师们开发了独特的锥形车头。这一设计不禁让人想起了翠鸟的喙。[17]

尽管我们面临的大多数问题从表面上看都是独一无二的，但仿生技术还是具有一定的适用性，因为许多问题虽然性质完全不同，但与其他问题在结构上有相似之处。其中一个常见的问题就是所谓的拥堵问题。"拥堵"指的是我们想要更多的东西和想要更少的东西之间的不匹配。比如，盈利能力问题就是拥堵问题（我们想要更多的收入，花费更少的成本）。导图的结构就可以为解决一些看似完全不同但结构相似的问题（所谓的同构问题）提供有用的蓝图，比如在我们的停车场装配汽车或为路易十四的喷泉供水（参见第一章）（见图 4-11）。[18]

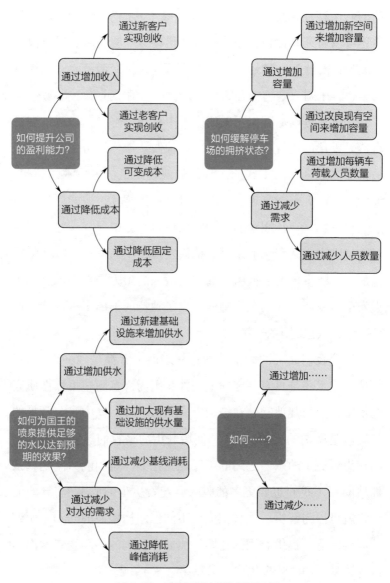

图 4-11　用导图解决同构问题示例

◎ 问题重构法

为了说明从右到左的思维方式可以产生的重要重构效果，我们可以假设你是一栋大楼的经理，楼里的人总是抱怨电梯运行得太慢。起初你可能会从左到右搭建框架，比如"如何使电梯加速"。请用一分钟的时间来绘制一张初始的行为导图。

也许你绘制的导图和我们绘制的导图（见图 4-12）相似，即在深入了解每个分支的细节之前，将现有电梯与新添加的电梯分开分析。

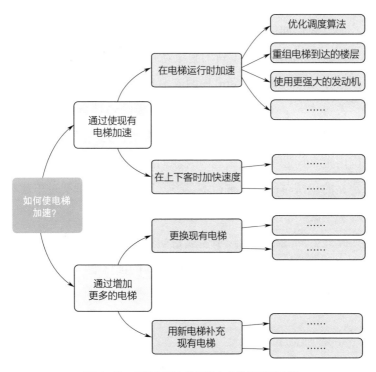

图 4-12　用从左到右的思维方式绘制导图示例

现在把思维切换到从右到左的结构，此时你可能会发现初始框架过于限制你的方案。例如，你可能会想到用分散电梯用户注意力的方法，使他们觉得电梯运行的速度更快。具体方法很多，比如让他们看电视节目、给他们一面镜子欣赏自己、给他们提供免费报纸、让他们听广播电台的节目、提供免费上网——你可以充分发挥想象力。[19] 但是这些想法都不适用于你最初的行为导图。

现在，如果你觉得这种思路更值得一试，你就可以从头再来并扩大探索范围以找到更多选项。例如，你可以重新定义任务，如"我们如何能够让我们的用户对电梯的运行速度感到满意"。这种新思路开辟了新的解决途径，毕竟安装几面镜子比更换电梯发动机或安装新电梯的成本要低得多！

关键点是，有时解决某个工程问题的最佳方法（在本例中）并不适用于解决其他工程问题。重新在更广泛或更狭窄的范围内定义问题可以极大地改善我们的问题解决能力。尽管重新定义的想法可能看起来微不足道，但如果你的框架过于狭窄或过于宽泛，那可远非微不足道的事。

此外，问题框架和选项生成密切相关。两者相辅相成，因此值得在这两者之间进行迭代，因为新的证据能够帮助我们获得对问题的新见解。

◎ 释放约束法

我们都有心理过滤器，能够在解决问题时自动剔除"过于疯狂的想法"。虽然这些过滤器使我们更加务实，但它们也会限制我们的创造力，导致我们过早地剔除看似遥不可及的选项。

为了拓宽选择空间，你可以反思是什么阻碍了你产生想法。然后，假设"如果……会怎么样"。比如，如果我们不在乎成本会怎么样？如果我们的主要利益相关者参与其中会怎么样？如果我们能和最强劲的竞争对手合作会怎么样？释放约束可能会让你回到后勤工作（参见第一章）。例如，你可能会问："如果我们的预算是原计划的两倍到三倍，我们该怎么办？"或者"如果我们能用6个月而不是4个星期的时间来解决这个问题会怎么样？"

问题拆分分析法让我们通过思考"还有什么"的问题来充实备选答案。我们通过用"如果"质疑假设，打破约束我们的传统做法，取得进一步的突破，最终从传统和习惯的束缚中挣脱出来。

再次强调，许多想法都是不可行的或不可取的。许多想法都会被贴上荒谬的标签，毕竟，预算是有限的，按时完成项目也至关重要。但是，如果时间允许，有荒谬的想法并没有错。如果将荒谬想法的可取性与实施更现实的想法的可行性结合起来，一个荒谬的想法也可能转化为一个好的想法。

◎ 整合从左到右和从右到左的方法

"从左到右"和"从右到左"的想法产生方法并非相互排斥，而是互补的，因此强烈建议将两者有机地结合起来。你可

以根据一份列表来整合想法，也可以通过消除重叠甚至相同的
想法来梳理列表。同样，如果你从一个结构开始，就不可避免
地在某个节点上思考如何在一个特定类别中进一步产生新的想
法。此时，你不仅要运用逻辑思维，还要利用自下而上的工
具——脑力书写——来产生想法。

无论你倾向于哪种方法，你都需要处理一些重要的关系：
一方面，你希望主导整个解决问题的过程，在解决问题的过程
中蓄积动力。另一方面，你也需要有耐心去挖掘坏主意的价
值。为什么？因为通常情况下，你不可能在一开始就判定一个
想法是否荒谬。

即使看似荒谬的想法也可能蕴含伟大事物的种子，所以
你需要给潜意识足够的时间去探索。事实上，研究表明，当你
做一些完全不相干的事情时，比如洗澡、锻炼、冥想或做梦，
创意会突然不由自主地冒出来。[20] 例如，伯克利神经科学家马
修·沃克（Matthew Walker）解释说，我们的大脑在睡眠的快
速眼动阶段（REM）会产生不明显的关联，从而产生意想不到
的创造性见解。[21] 你想解决难题吗？那就多睡觉、多洗澡，或
者做所有能让你感到放松的事情！

◎ 设定停止时间

探索不同的选项将帮助你避免过早地结束导图的绘制。但
是探索各种选项可能会无限期地进行下去！毕竟，你永远无法
确定选项集的上限。对于大多数需要解决的问题，时间都显得

十分紧迫，那么你应该何时停止继续寻找选项呢？

探索意味着寻找未经证实但可能有潜在回报的新选项；利用就是坚持使用一个可用的好选择。探索—利用困境并没有已知的最优解决方案，甚至可能不存在通用的解决方案。[22] 然而文献提供了一些见解。

我们经常将搜索限制在潜在解决方案的子集上，尤其是当我们的经验不足以指导搜索过程的时候。[23] 因此，评估选择的多样性是有用的：如果所有的选择都是同类的或密切相关的，你可能想要继续挑战自己。

花多长时间搜索还取决于机会成本：如果你没有将更多的精力花在探索上，那么你还能做些什么？如果进一步探索是以思考决策或说服利益相关者为代价的，因为这两者都是至关重要又十分耗时的，那么现在可能是继续推进的好时机。然而，我们经常看到经理们很快就结束了搜索——甚至可以说是立即停止。这些观察结果与无报酬探索的研究结果一致。[24]

相反，有些团队不愿意停止探索。无论有意与否，人们都认为更多的探索将引导他们发现一颗有百利而无一害的灵丹妙药。然而，据我们的经验判断，世上并不存在灵丹妙药——无论经历多长时间的探索。与其专注于寻找不需要权衡的备选方案，团队成员不如更好地通过权衡来继续现有的工作。意识到摆在桌面上的是唯一备选方案，这可以帮助团队成员从探索转向下一步。

总而言之，你最好将有限的时间分配给搭建框架、探索细节和做出决策这三个过程以获取好的结果，而不是把所有的时间都集中地投入到三者之一，根本不考虑其余两个过程。

把选项转化为备选方案

现在，你的发散思维已经推进了行为导图的绘制，导图中可能包含二三十个甚至更多具有不同程度细节的想法。导图中包含了所有独立的想法，其中一些选项比其他选项更合理。即使你不希望立即做出执行哪一种解决方案的最后决定（我们将在第六章中探讨），但将你的想法集中到某一组可实行的具体方案上还是有意义的，至少你可以对这些方案进行评估。这就是从发散思维向收敛思维转换的探索。

在某种程度上，备选方案的优劣取决于问题本身，不过也有一些普适的规则：

- 每一个选项都是这个问题的符合逻辑的有效答案。每个备选方案都能在没有其他备选方案支持的前提下独立解决全部问题。举一个大家已经十分熟悉的例子，请你重新浏览之前的案例：在标致的案例中，需要解决的问题是如何满足分销需求（定义为销售和提供维护），因此每一个选项都必须提供完整的分销解决方案。所以，"单纯销售"的解决方案并不是一个有效的选项，因为它只解决了销售部分的挑战，而没有提供如何分销的方案（见图4-13）。

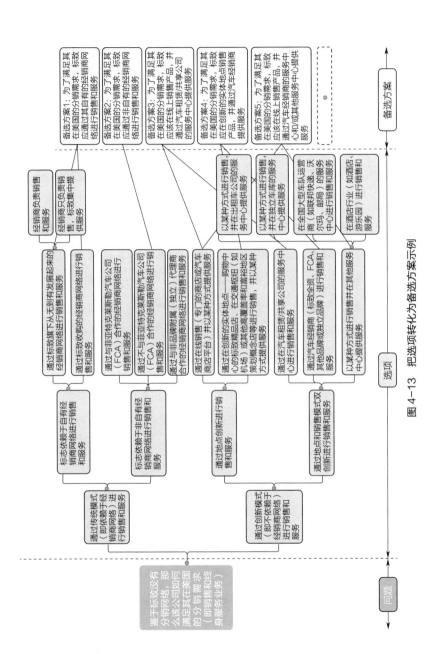

图 4-13 把选项转化为备选方案示例

值得注意的是，备选方案可能由多个解决方案组成，每个解决方案的成功率都不高，但如果能够组成一个整体，就会成为完整的解决方案。[25] 因此，提高盈利能力的另一种选择可能是增加某一目标市场老客户的收入，并降低某一产品线的可变成本。

- 解决方案集合至少要包含两个选项，但是也不能过多。如果你只有一个选项，那么就不需要进行筛选，所以你至少需要准备两个选项。探索多个选项的好处不仅是增加了找到更好潜在解决方案的可能性，而且还能为你提供备选方案，以防首选方案行不通。[26] 此外，拥有多种备选方案可能会有助于减少团队内部的冲突。根据我们的经验，当人们广泛思考更多选项时，他们会倾向于减少对某一特定选项的投入，这也使他们更容易改变观点。备选方案还能帮助你整合不同利益相关者的观点。考虑利益相关者的喜好会帮助你评判解决方案的利弊，也能做好准备应对未来可能遇到的困难。但是，要注意：选项过多并不一定是好事。选项越多，回报就会越少，甚至可能变成负值：拥有太多的选项可能会让我们遭受选择过载的痛苦。[27]

- 各个选项在一定程度上是相互排斥的。如果你可以同时选定多个选项，那么你就不需要去做选择！因此，各种选项必须合理地相互排斥：一旦选定就应该排除其他选项。用管理学学者罗杰·马丁（Roger Martin）的话说："真正的选择需要适当的放弃以获得其他的战略利益。"如果多个选项可以同时存在，或者只有一个明智的选项，那么公司就不会处于真正的战略抉择期。[28]

简言之，对于大多数决策，我们不可能做到完美——尽管我们经常认为自己能够掌控所有。解决复杂问题的现实困难是，在不同的收益—成本组合中权衡利弊：寻求一种备选方案，让你获得你所看重的东西，而代价是放弃你所珍视的其他东西。

- 备选方案需要尽可能具体。如果你的选项仍然是概念性的或抽象性的，那么你就很难对其进行评估。让选项尽可能具体有助于理清思路。当你有了另一个选项时，试问自己：这是我能做的、能买的、能卖的吗？回答问题的方法之一便是使用我们在构建问题时所使用的简单方法：向不熟悉的人展示原型替代品。让他们在你面前大声朗读，这样你就可以看到他们会在哪里纠结，同时让他们在读完一遍之后再复述给你听，这样你就会知道方案是否足够具体。

- 备选方案需要具有潜力。在开发行为导图时，我们的目标是创造更多选项。显然，我们不可能实现所有目标。事实上，我们甚至可能不想如此。虽然我们将进行正式评估，但现在已经开始过滤目前看来不太有希望的解决方案。当把选项转换成备选方案时，我们要丢弃那些显然不可行或不可取的选项。检验你是否拥有真实的备选方案（而不是经过比较后比真实备选方案看起来更好的伪备选方案）。此外，摒弃看起来过于相似的方案。根据我们的经验，如果团队成员对备选方案意见不一致，那你就会处于有利位置。[29] 不断寻找备选方案，直到你或你的团队成员至少中意其中的两个方案。

实际上，备选方案可以来自行为导图的任何节点。为了帮助理解这一点，我们来打个比方：我们的任务是为客人准备晚餐中的一道菜。在这个示例中，行为导图中的选项是我们准备菜肴时必须使用的食材。行为导图可以帮助我们精确地解释每一种情况（我们不会遗忘任何情况，也不会重复列出类似的情况）。此时的备选方案是各种食谱。所以，我们的决定是找到我们认为最有效的配方。有些食谱（替代品）可能使用一种食材（选项），而有些则需要使用多种食材。

本章要点

切忌急于实现备选方案。与绘制行为导图的其他步骤一样，从发散思维开始入手。你可以通过绘制行为导图来系统地识别和组织解决问题的各种方法。

好的行为导图与好的原因导图一样，遵循相同的四个规则：

- 导图规则 1：行为导图只能回答一个关于"怎样做"的问题。
- 导图规则 2：如何从问题过渡到备选方案。
- 导图规则 3：用问题拆分分析法（MECE）绘制行为导图。
- 导图规则 4：行为导图具有洞见力。

不要囿于问题拆分分析法和洞见力！如果你尚未构思出理想的导图结构，那也没有问题，你可以先列出各种各样的想法。最终，行为导图要以问题拆分分析法为指导来搭建框架，但这并不意味着你需要从结构开始构思。

如果能让利益相关者参与其中，你就不要独自探寻解决方案；事实上，绘制行为导图的最终目标旨在共同开拓解决空间。

不要过度自责：行为导图有助于探索解决方案的空间。根据定义，行为导图会包含许多无效的想法。使用行为导图进行构思，保留供日后使用的评估条件。

注释

1　Richards, L. G.（1998）. *Stimulating creativity: Teaching engineers to be innovators*. FIE'98. 28th Annual Frontiers in Education Conference. Moving from 'Teacher-Centered' to 'Learner-Centered' Education. Conference Proceedings（Cat. No. 98CH36214）, IEEE.

2　Bouquet, C. and J. Barsoux（2009）. 'Denise Donovan（A）: Getting Head Office Support for Local Initiatives.' *IMD Case Series IMD-3-2103*, Lausanne, Switzerland.

3　另类思维与价值聚焦思维的比较。虽然 FrED 不是线性结构，但我们会在探索标准之前先探索其他选择（这就是所谓的"价值聚焦思维"）。两种方法都是有效的。更多信息请参考 p. 55 of Goodwin, P. and G. Wright（2014）. *Decision analysis for management judgment*, John Wiley & Sons; Keeney, R. L.（1992）. *Value-focused thinking: A path to creative decision making*. Cambridge, Massachusetts, Harvard University Press; Wright, G. and P. Goodwin（1999）. Rethinking value elicitation for personal consequential decisions. *Journal of Multi-Criteria Decision Analysis* 8（1）: 3–10.

4　发散思维和收敛思维存在于问题解决过程的各个阶段。请参考 Basadur, M.（1995）. 'Optimal ideation-evaluation ratios.' *Creativity Research Journal* 8（1）: 63–75.

5　Siemon, D., F. Becker and S. Robra-Bissantz（2018）. 'How might we? From design challenges to business innovation.' *Innovation* 4.

6　Girotra, K., C. Terwiesch and K. T. Ulrich（2010）. 'Idea generation and the quality of the best idea.' *Management Science* 56（4）: 591–605.

7　让我们来梳理你当前面临的所有问题。关于为什么持不同意见有助于改善结果的一个可能解释是，人们在评估论点时往往比提出论点时要求更高。因此，观点之间的争论和冲突越多，论证评价就会有更多产出［Mercier, H.（2016）.'The argumentative theory: Predictions and empirical evidence.' *Trends in Cognitive Sciences* 20（9）: 689–700］.

8　Hong, L. and S. E. Page（2004）.'Groups of diverse problem solvers can outperform groups of high-ability problem solvers.' *Proceedings of the National Academy of Sciences of the United States of America* 101（46）: 16385–16389.

9　Bang，D. and C. D. Frith（2017）.'Making better decisions in groups.' *Royal Society Open Science* 4（8）: 170–193.

10　Horwitz, S. K. and I. B. Horwitz（2007）.'The effects of team diversity on team outcomes: A meta-analytic review of team demography.' *Journal of Management* 33（6）: 987–1015.

11　请参考 p. 61 of National Research Council（2011）. *Intelligence analysis for tomorrow: Advances from the behavioral and social sciences.* Washington, DC, National Academies Press.

12　Bang, D. and C. D. Frith（2017）.'Making better decisions in groups.' Royal Society Open Science 4（8）: 170–193. Schulz-Hardt, S., F. C. Brodbeck, A. Mojzisch, R. Kerschreiter and D. Frey（2006）.'Group decision making in hidden profile situations: Dissent as a facilitator for decision quality.' *Journal of Personality and Social Psychology* 91（6）: 1080–1093.

13　请参考 pp. 64–66 of National Research Council（2014）. *Convergence: Facilitating transdisciplinary integration of life sciences, physical sciences, engineering, and beyond.* Washington, DC, The National Academies Press.

14　Keum, D. D. and K. E. See（2017）.'The influence of hierarchy on idea generation and selection in the innovation process.' *Organization Science* 28（4）: 653–669.

15　Herbert, T. T. and R. W. Estes（1977）.'Improving executive decisions by formalizing dissent: The corporate devil's advocate.' *Academy of Management Review* 2（4）: 662–667.

16　Greitemeyer, T., S. Schulz-Hardt, F. C. Brodbeck and D. Frey（2006）.

'Information sampling and group decision making: The effects of an advocacy decision procedure and task experience.' *Journal of Experimental Psychology: Applied* 12（1）: 31.

17　Lim, C., D. Yun, I. Park and B. Yoon（2018）. 'A systematic approach for new technology development by using a biomimicry-based TRIZ contradiction matrix.' *Creativity and Innovation Management* 27（4）: 414–430.

18　这类问题被称为类比问题，请参考 Holyoak, K. J.（2012）. Analogy and relational reasoning. *The Oxford handbook of thinking and reasoning.* K. J. Holyoak and R. G. Morrison. New York, Oxford University Press: 234–259. Kahneman, D. and D. Lovallo（1993）. 'Timid choices and bold forecasts: A cognitive perspective on risk taking.' *Management Science* 39（1）: 17–31. Gick, M. L. and K. J. Holyoak（1980）. 'Analogical problem solving.' *Cognitive Psychology* 12（3）: 306–355. 还可参考 pp. 99–119 of Epstein, D.（2020）. *Range: How generalists triumph in a specialized world*, Pan Books. Lovallo, D., C. Clarke and C. Camerer（2012）. 'Robust analogizing and the outside view: Two empirical tests of case-based decision making.' *Strategic Management Journal* 33（5）: 496–512.

19　请参考 p. 25 of Mason, R. O. and I. I. Mitroff（1981）. *Challenging strategic planning assumptions: Theory, cases, and techniques*, Wiley New York.

20　更多关于创造性解决问题的技巧，详见 p. 23 of Reeves, M. and J. Fuller（2021）. *Imagination machine: How to spark new ideas and create your company's future*, Harvard Business Review Press.

21　关于睡眠对人类能力（包括创造力）影响的总结，请参考 Walker, M（2018）. *Why we sleep*, Penguin. 关于睡眠对思维的影响的更详细研究，请参考 Gish, J. J., D. T. Wagner, D. A. Grégoire and C. M. Barnes（2019）. 'Sleep and entrepreneurs' abilities to imagine and form initial beliefs about new venture ideas.' *Journal of Business Venturing* 34（6）: 105943.

22　探索 / 利用和优化 / 满足。诺贝尔奖获得者赫伯特·西蒙（Herbert
Simon）将"satisficing"和"sufficing"结合在一起，创造了
"satisficing"这个词。当我们确定了一个足够好的解决方案后，我
们就会满足于此，然后就停止寻找更好的解决方案。这与优化形
成了鲜明对比，优化是指不断寻找更好的解决方案［Simon, H. A.
（1990）. 'Invariants of human behavior.' *Annual Review of Psychology*
41（1）: 1–20］。我们追求整体穷尽的动力与优化有关，但我们
永远不能确定自己是否真正做到了整体穷尽（因为无论我们确定了
什么，都有可能还存在另一种可能性）。Cohen, J. D., S. M. McClure
and A. J. Yu（2007）. 'Should I stay or should I go? How the human
brain manages the trade-off between exploitation and exploration.'
Philosophical Transactions of the Royal Society B: Biological Sciences 362
（1481）: 933–942. Song, M., Z. Bnaya and W. J. Ma（2019）. 'Sources
of suboptimality in a minimalistic explore-exploit task.' *Nature Human
Behaviour* 3（4）: 361–368.

23　Sanborn, A. N. and N. Chater（2016）. 'Bayesian brains without
probabilities.' *Trends in Cognitive Sciences* 20（12）: 883–893.

24　探索—利用困境的一个有趣子集是探索不能提供任何回报，这种情况
被称为招聘秘书问题。假设一个搜索者（雇主）一次面试一名秘书候
选人。搜索者的目标是找出唯一的最佳候选人。每次面试结束后，搜
索者（雇主）必须决定是否发出录用通知。如果搜索者发出通知，探
索就会停止；如果搜索者不发出录用通知，以后也不再录用这位候选
人。在发出录用通知前，搜索者应该面试多少名候选人？最优解是
37%。搜索者不应该直接向第一位候选人发出录用通知，而是利用他
们来校准期望。然后，在面试了前 37% 的候选人后，搜索者应该向
比之前任何候选人都优秀的候选人发出录用邀约。一项研究表明，搜
索者起初不会搜索过长时间，但在随后的试验中会扩大搜索范围。详
见 Sang, K., P. M. Todd, R. L. Goldstone and T. T. Hills（2020）. 'Simple
threshold rules solve explore/exploit trade-offs in a resource accumulation
search task.' *Cognitive Science* 44（2）: e12817; Seale, D. A. and A.
Rapoport（1997）.' Sequential decision making with relative ranks: An

experimental investigation of the "secretary problem".' *Organizational Behavior and Human Decision Processes* 69（3）：221–236.

25 一些零碎的解决方案也十分有效。瑞士探险家伯特兰·皮卡德（Bertrand Piccard）在 IMD 的一次活动中谈到了这些解决方案，虽然每个零碎方案都需要很长时间才能使目标工作完成，但从整体来看，效果十分明显。

26 各种备选方案层出不穷。对于一些问题，即所谓的选择问题，备选方案集自然是小而有限的；对于其他人来说，备选方案集可能很大，或者可能无限大，就像设计或优化问题一样 [Wallenius, J., J. S. Dyer, P. C. Fishburn, R. E. Steuer, S. Zionts and K. Deb（2008）. 'Multiple criteria decision making, multiattribute utility theory: Recent accomplishments and what lies ahead.' *Management Science* 54（7）：1336–1349）.]。

27 选择不一定越多越好：无论是在超市选择沙拉酱或在网店选择立体声系统，还是选择就读的大学，过多的选择都会导致有害的结果，因为我们的心理决策系统会过载。关于选择过多的负面影响的极好概述请参考 Schwartz, B.（2005）. *The paradox of choice*, Harper Perennial. Schwartz, B.（2004）. *The paradox of choice: Why more is less*, New York, Ecco New York.

28 Martin, R.（1997）. Strategic choice structuring: A set of good choices positions a firm for competitive advantage.

29 我们可以持不同意见吗？在通用汽车公司的一次高管会议上，主席阿尔弗雷德·P. 斯隆（Alfred P.Sloan）针对举棋不定的现状发表了评论："先生们，大家对这个决定还有异议吗？"他耐心地等待着每个人的确认。随后他又说："我建议将这一问题的进一步讨论推迟到下次会议，在这期间我们有时间充分思考，产生不同意见，或许可以增进对这一决定的理解。"[Burkus, D.（2013）. 'How criticism creates innovative teams.' *Harvard Business Review Blog*.]

第五章 ///

澄清重要事项——探索标准

到目前为止，你已经在第二部分充分了解了如何探索备选方案。本章将展示如何探索可用于评估备选方案的标准。你将学会识别对你和你的利益相关者来说重要的事项，这样你就可以有意识地权衡备选方案带来的利弊。你还将学习如何确定标准的优先级，以便这些标准可以更好地代表（见图 5-1）团队的观点。

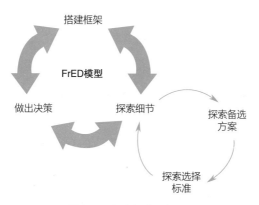

图 5-1　探索标准示意图

假设你正在面临一个艰难的决定，即需要同意一位同事的提议，但你发自内心地排斥这个提议。你希望能够通过一次会议解决这个问题。会前，你拼命提醒自己保持开放的心态，并承诺从同事的角度来看待问题。但是当会议开始后，你的同事直截了当、毫无顾忌地说明了她的意图和做法。而你却用自己倾向的选项进行批判，你们之间的鸿沟不可逾越。你们都固执己见，情绪激动，结果一无所获。会议陷入僵局。

我们常常会迅速地捍卫自己倾向的选择。这就是应用理性学习中心（Center for Applied Rationality）的朱莉娅·盖尔夫（Julia Galef）所称的士兵心态（Solder Mindset）。[1] 如果我们等到完成结构化分析后再做选择，那么直觉判断的准确性就会大大提高。[2] 因此，明智的做法是以一种开放的心态开始，或者像盖尔夫所说的那样，以一种侦察兵的心态开始考虑问题。开放心态是为了探索更多的备选方案，就像我们在前一章做过的一样。然后就是寻找让我们得到宝藏的重要事项——决策标准。

制定战略决策需要追求相互竞争的目标，因此不可避免地涉及权衡取舍。[3] 例如，你可能正在为一种新产品制定上市策略，该产品必须适应市场需求且成本较低，并符合企业的价值观。因此，你需要放弃你认为有价值的东西来换取更重要的东西。换句话说，任何备选方案都会有一定的成本。意识到天下没有免费的午餐是件好事，如果决策过程十分简单快捷，那可能意味着某些重要的元素会被遗漏。

如果备选方案完美到令人难以置信，那么它很可能是……

我们与旅游业的 20 位资深高管进行了一次创新活动。这是一个行程密集的多日项目，在此期间，各个团队都在疯狂地开发新产品。一天早上，一个团队通宵工作后笑着告诉大家："我们成功了！"他们骄傲地说："我们的成果完美无缺！"我们赞美道："太棒了。但是如果结果这么理想，你们为什么还没有着手实施？"他们的回答是："我们的首席执行官肯定不会满意的。"然后，他们不再兴奋，继续探索。

一分钟后他们突然意识到了问题。经过进一步调查，他们发现自己忽略了该计划是否符合首席执行官所要求的总体战略和实施风险。因此，他们重回绘图板，使用新出现的标准完善之前的成果。

和你我一样，他们都是聪明、勤奋的人，他们也花费了大量的时间来应对挑战。然而，他们忽略了一些很基本的东西。我们举这个例子是为了强调整合所有相关标准的重要性，包括你的和主要利益相关者的标准。这些标准更需要有意识地引起重视。

由于我们倾向于尽早确定有限的备选方案，所以我们自然只考虑部分评估标准。我们自以为清楚自己的需求，但仔细检查后却发现事实并非如此。现在，为了万无一失，我们不能让标准仅仅出现在整洁的列表中，尤其是复杂的决策，我们需要进行深层次的自我反省，并在问题、备选方案和标准之间进行迭代。此外，各利益相关者之间的优先级不同，因此客观上通常没有一个完美的备选方案。再次重申：复杂问题没有唯一的正确答案，只有更好（和更糟）的答案。[4]我们不是在寻找唯一的正确答案，而是在寻找一个理想的备选方案，或者说至少是一个可以接受的方案。

那么，让我们来看看怎样的标准可以被定义为好标准，以及如何改进标准。好消息是，我们可以利用前几章中提及的工具，因为好标准的集合具有合理的全面性、互斥性和洞见力。[5]

整合一套合理又全面的标准

一份完整的标准列表具有互斥性，因此你不会重复记录任何内容。它也是合理又全面的，所以你不会遗漏任何重要的内容。

基本的通用标准具有可行性和可取性——你会选择一个你能实现的备选方案（可行性），并且比其他方案更希望实现它（可取性）。尽管这个标准几乎适用于所有决定，但它仍有一个通病——需要澄清可行性和可取性的具体意义。

（不那么）宁静的瑞士乡村

在没有全面了解什么对你重要的情况下做出关键决定是会掉入陷阱的。十年过去了，恩德斯（本书作者之一）仍然记得在瑞士日内瓦湖畔买房子的经历。这里的房子供不应求，几乎没有选择的余地。恩德斯有自己的一套购置标准，包括购买价格、房间数量、建筑质量、与学校的距离、花园大小等。当机会出现时，他迅速完成了交易，因为他担心如果不抓紧机会，别人就会抢先买走房子。搬进房子的第一个晚上，他开着窗户，从几公里外的高速公路上传来的噪声让他彻夜难眠！这件事让他深受重挫，因为一夜好眠，开着窗户让清新的微风吹进屋子是他梦寐以求的事情。然而遗憾的是，他在决策过程中没有清楚地罗列这一标准。

为了解决噪声问题，他进行了大规模翻修——把窗户移到房子后面！现在，恩德斯拥有了他一直向往的能够开着窗户的安静夜晚。但如果他一开始就仔细考虑他的购房标准，那么他可能会过得更加轻松。如果没有噪声问题，他会轻松地走进房间，乔迁之夜也不会有不好的经历。现在，你可能会说这种问题是显而易见的。也许你说的没错。然而，我们反复看到的（对自己和他人）都是，当时间压力和其他压力出现在关键的决定时刻时，能清楚地看到真正重要的事情是非常具有挑战性的。

标准不仅可以帮助你在备选方案中做出选择，还可以作为创建新备选方案的起点。以买房为例：如果从一开始就明确地将环境安静作为购房的参考标准，那么我们可能会考虑其他社区甚至其他村庄。

请注意，你要保持标准集的大小易于管理。标准集应在全面详尽与简约之间取得平衡，这就意味着要排除次要标准。[6]

选择互斥标准

标准重叠是常见问题。以从纽约到伦敦的问题为例。你可能会关心腿部空间、隐私和舒适度。尽管上述方面可能都很重要，但你在概念层面有所混淆。例如，腿部空间可能是舒适度的一个子集。如果你在相同的概念层面上将它们视为独立的标准，你就会重复计算备选方案的节点，这就给加权和统计带来新的问题。

现在，针对舒适度的定义，你很容易区分重叠的标准。然而，对于更抽象的标准，如企业匹配度、文化价值等类似的无形概念，探索这些概念的不同标准可能更具挑战性。尽管如此，为了努力解决问题，便于日后分享经验，创建清晰的标准至关重要。如果你的听众因为你的思路不清晰而感到困惑，他们就不太可能相信你的判断，也不太可能被你的论点说服。

你该怎么去做呢？学会经常用"为什么"进行提问。例如，你可能会说，腿部空间对你很重要。为什么？因为足够的空间可以让你伸展腿脚。为什么这个很重要？因为伸展腿脚可以避免抽筋。为什么这个很重要？因为伸展腿脚可以使你在旅途中更加舒适。你可能会说这已经足够具体了，不需要再证明舒适为什么很重要了。多次询问原因的行为会帮助你将自己的标准从工具性标准转变为基本标准。这就是你最终想要用来评估备选方案的标准。根据经验，如果两个标准在备选方案中得分相似，你可能想探索这个标准是否可能是另一个标准的子集。如果是这种情况，请清理集合！

选择有洞见力的标准

合适的标准可以阐明解决方案的重要内容。有洞见力的标准的两个关键特征是明确性和可测性。明确性意味着标准是可以明确定义的。例如，将"薪酬"视为选择工作机会的标准，那么你所期待的薪酬是只考虑基本工资，还是包括年度奖金、健康保险、退休福利、伤残保险和其他补充福利？如果你没有明确定义什么是"薪酬"，那么不同的人会有不同的解释，从而引发分歧。

与此相关的是，你还应该量化衡量标准。依据经济补偿和其他容易量化的标准，如价格、重量、时间、距离等，量化衡量标准可以说是相当简单明了的。

然而，并非所有标准都能够被量化。定性标准，如文化适应度、幸福感、风险感知和其他标准，需要你和你的利益相关者就如何对其进行评分做出直觉判断。[7]需要明确的是，做出判断并没有错，但在陈述结论时，你需要能够以令人信服的方式向潜在的批判性听众解释备选方案得分高／低的原因。在这种情况下，基于薄弱证据（如轶事、故事或类比）得出的结论将比基于"硬数据"的结论力度更弱。

实际上，最好能够使标准具有一致的评判方向。例如，得分越高越好。这样的标准被称为受益标准。假设从纽约到伦敦的旅行中，我们重视的标准是价格、时间、舒适度和绿色环保（无碳）（见图 5-2）。后三者——时间、舒适度和绿色环保都是受益标准，这三个标准得分越高的备选方案越容易被采纳。但价格不符合这个条件，价格越高就越不易被选择。不过，有一个简单的解决方法：我们所要做的就是用"承受能力"代替"价格"。在计算总分、解释结果以及与利益相关者讨论观点时，如果不做看似微不足道的替换，那么让所有标准都成为受益标准会让你感到头疼。

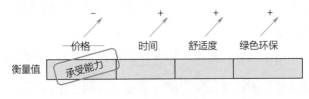

图 5-2　选择合适的标准示例

最后，为每个标准划定适当的范围，最好为每个标准制定一个 0 ~ 100 的量表。如果我们仍然以从纽约到伦敦出差为例，在承受能力方面得分为 0 的备选方案是最昂贵的。但不要只停留在定性描述上。相反，你要给出具体的定义。也许是 1000 美元，也许是 10 万美元，这取决于你的想法。重要的是你要尽可能明确，尽可能使用定量法来代替定性法（见表 5-1）。

表 5-1　从纽约到伦敦出差交通方式选择方案对比表

量值	承受能力	时间	舒适度	绿色环保
0 分	>20000 美元	>7 天	有死亡的可能	二氧化碳排放量 >3 吨
25 分	<10000 万美元	<7 天	有明显的疼痛	二氧化碳排放量 <3 吨
50 分	<7000 美元	<1 天	有可能感觉痛苦	二氧化碳排放量 <1 吨
75 分	<1000 美元	<8 小时	有点不舒服	二氧化碳排放量 <500 千克
100 分	<500 美元	<3 小时	没有不适	零碳排放

如何甄别标准的合理性

如果你还在取笑恩德斯在选择购房时忽略了安静因素，认为制定一个好的标准列表并不会那么难，那么你就要格外注意了。在实证研究中，杜克大学和佐治亚理工学院的研究人员已经证明，决策者在选择过程中会遗漏近一半他们后来认为相关的标准。不仅如此，决策参与者认为遗漏的标准不仅相关，而且几乎与他们最初考虑的标准一样重要。[8]

因此，确定标准可能并不像看上去那么简单，现在提供五个帮助你确定标准的建议。[9]

- 从自己开始进行多次尝试。邦德（Bond）和其他作者建议，在没有外界帮助的情况下，从自己开始，在你的想法受到他人观点的影响之前，把想法写在纸上。此外，一系列的实验表明，改进通用列表的最佳方法是多次重复练习（决策者在第一次尝试时通常只能确定30%~50%的标准）。[10]

- 代入场景。你可以从列出的所有相关和不太相关的事情切入（稍后你可以删除这个列表）。为了让列表更加形象，你可以把它当作一个愿望清单，一个未来的完美场景，比如经过所有努力获得成功后会产生的结果。为什么这个结果会让你感到高兴？然后把高兴的原因变成具体的标准。为了对比场景，你也要做一个事前分析：假设你的项目出了问题，问问自己为什么。[11]可能因为项目成本太高，或者结果不够理想，又或者过程耗时太长。这些"预知未来"的项目目标是，在做出进一步的决定之前尽可能生动地想象各种结果。

- 套用框架。另一种方法是套用已有的框架。以一位业务部门经理为例，她正在考虑要在哪里进行新产品线的国际市场扩张。她已经确定了备选方案：欧洲、拉丁美洲或东南亚地区。当她对三个国际市场进行比较时，她认识到三个区域的异同。她考虑了竞争程度和进入市场的难易程度。随后，她想起在商学院求学时，曾学过迈克尔·波特（Michael Porter）的一个框架，叫作"五力框架"，这个框架能够提供有效预先配置的标准列表。[12] 她看着这个列表，意识到：竞争水平、买家的力量、供应商的力量、准入壁垒和替代品的威胁这五项都是她在市场比较中需要考虑的相关标准。通过深入挖掘，她注意到这五个标准涵盖了她一直在考虑的所有因素——换句话说，这个框架全面详尽地覆盖了她想实现的目标。那么，她自己也能拟定类似的框架吗？也许答案是肯定的，但是仅仅依靠一己之力去覆盖所有标准是非常困难的。因此，套用其他框架也不失为一种方法。

- 对比备选方案。脱离现实去制定标准可能会导致错过关键信息。事实上，高管们经常承认，即使他们努力开发了一个矩阵，也可能并没有捕捉到他们所面临的挑战的关键方面。一个主要的原因似乎是他们经常在没有考虑具体备选方案的情况下就制定了标准。结果，尽管这些标准在纸面上看起来不错，但它们无法与管理者的好恶产生关联。为了避免落入此种尴尬境地，请通过考虑两种截然不同的选择来开始你的标准探索。这有助于你把握重点。首先，你需要写下你喜欢和不喜欢每个选择的原因。接下来，你可以结合喜好列表更准确地阐明基本标准（见图5-3）。

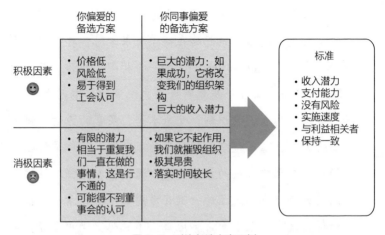

图 5-3　对比备选方案示例

洛桑国际管理发展学院探索新市场

　　回想我们在洛桑国际管理发展学院进行的一次讨论，当时我们想在北非，尤其是突尼斯占有更多的市场份额。与其抽象地讨论这个想法并确定评估不同市场进入方法的标准，我们还不如探索出两个具体但截然不同的备选方案：将突尼斯市场作为洛桑国际管理发展学院的活动中心，与我们自己的业务相结合，而不是与经营这些业务的当地合作伙伴一起进入突尼斯市场。

　　思考对这些选择的喜恶之处，有助于我们迅速发现各种问题：单独行动能够加强控制力和组织学习力，但也有造成前期投资高的相关风险，初创阶段起步缓慢，以及缺乏对市场的了解等。合作将使我们更快速地发展，降低投资成本，并利用合作伙伴的专业知识。但我们对整体主动权的掌控力会降低，这可能会让我们的品牌处于危险之中。这些道理你都要提前知晓。

查看具体的备选方案有助于设想我们可能喜欢和不喜欢的备选方案。最终，审视具体的备选方案有助于自我改进，比如:"这个解决方案要满足哪些条件才能成为更好的解决方案呢?"通过使用两种方案来达成同一目标，有助于减少只使用一种方案可能产生的盲点。

- 储备备选项。最后，和其他做选择的人一样，你可能也想要寻求帮助。你可以在决策过程中询问利益相关者的价值观、兴趣点和关注点。[13] 你也可以咨询和你处境相似的人。我们目前正在与一个企业合作，该企业正在寻找一个 IT 供应商来帮助他们推进数字化发展。在五个潜在的 IT 供应商中，该企业只能五选一。然而，除了对顶级团队设定标准，他们还联系了瑞士其他已经在数字化领域中领先的团队，目的不是为了找出被选中的 IT 提供商，而是为了了解他们是如何做出这些决定的。

促进积极参与

尽管你竭尽全力让利益相关者参与其中，但很可能他们并没有全力以赴。一个关键障碍是权力距离（PD: Power Distance）。权力距离是指"一个国家内的机构和组织中权力较低的成员期望和接受不平等权力分配的程度"。[14] 影响权力距离的因素多种多样，包括民族文化。权力距离大的国家，在经济、社会和政治上的阶层划分就更加分明。这也意味着人们更容易接受专制的领导方式。[15] 同样，这些国家的组织往往有更多的分层决策过程，而单向参与和沟通却十分有限。[16]

在一项对位于 24 个国家的一家跨国公司的 421 个组织单位数据的研究中，组织科学家黄旭（Xu Huang）及其同事发现，随着权力距离的增加，员工表达真实想法的可能性越来越低，这种现象被称为"组织沉默"（organisational silence）。

研究人员确定了两种鼓励员工畅所欲言的机制：首先，管理者要让员工参与决策活动及团队建设或管理变革项目。其次，尤其适用于高权力距离文化，管理者要极力创造一种兼蓄包容的氛围，让员工感觉到管理者会支持新想法、建议，甚至反对意见。[17]

优先考虑你的标准

因为并非所有标准都同等重要，所以你需要明确各个标准的相对优先级。比如，在客户满意度和成本之间进行权衡。你认为孰轻孰重，差距有多大？权衡是一项复杂的任务，尤其是在面对每个利益相关者都有自己想法的群体决策时，权衡利弊会变得更加困难。

在过去的几十年中，决策分析已经产生了许多方法来为标准分配权重以匹配决策者的偏好。这场论战没有达成单一的、被广泛接受的共识。[18]简单起见，我们建议采用简单的直接评分法，为每个标准赋予从 1（最弱）到 5（最强）的分值。

权衡通常是一个迭代的过程，因为你对问题的理解在整个决策过程中是不断发展的。特别是你可能会受到均衡偏见的影响，即倾向于给所有的标准赋予相似的权重。为了应对这种偏见，一种先按数字顺序排列标准，然后再分配权重的去偏见技术应运而生。[19]

验证标准是否涵盖关键领域

到此为止，请你参照列表来评估备选方案，试问自己是否愿意接受最终决定。如果不愿意，你可能忽略或错误陈述了一些标准：测试你拟定的标准是否能够帮助你向其他人阐明预期决定。如果答案是否定的，你需要花更多的时间改进标准。例如，还有哪些不清楚的地方？还缺少什么内容？

本章要点

从符合问题拆分分析法的要求和有见地的标准中总结重要事项。

对于标准来说，"有洞见力"意味着你从整体上在详尽和简洁之间达到了平衡；你对重要标准赋予了更多权重；你让所有标准都朝着一致的方向变化；你为每个标准划定了适当范围。

确定好的标准列表具有惊人的挑战性。为此，请进行多次尝试，代入场景，套用框架，对比备选方案，以及招募其他人。

注　释

1　Galef, J.（2021）. *The scout mindset: Why some people see things clearly and others don't*, Penguin.

2　Kahneman, D., D. Lovallo and O. Sibony（2019）. 'A structured approach to strategic decisions.' *MIT Sloan Management Review* Spring 2019.

3　制定决策的方法有很多。当人们追求多个目标时，很多决策方法可以帮助人们进行选择。层次分析法（AHP）即为其中之一［Saaty, T. L.（1990）. 'How to make a decision: The analytic hierarchy process.' *European Journal of Operational Research* 48（1）: 9–26］。想要深入了解，请参考 Mardani, A., A. Jusoh, K. Nor, Z. Khalifah, N. Zakwan and A. Valipour（2015）. 'Multiple criteria decision-making techniques and their applications: A review of the literature from 2000 to 2014.' *Economic Research-Ekonomska Istraživanja* 28（1）: 516–571.

4　客观上，复杂问题没有最优的解决方案。造成这一结果的原因是定义不当。请参考 p. 280 of Hayes, J. R.（1989）. *The complete problem solver*. New York, Routledge.

5　这与其他人的清单基本一致。详见 117-118 and p. 121 of Keeney, R. L.（2007）. Developing objectives and attributes. *Advances in decision analysis: From foundations to applications*. W. Edwards, R. F. Miles and D. von Winterfeldt, Cambridge University Press: 104-128. 其他范例请参考 p. 50 of; p. 82 of Keeney, R. L.（1992）. *Value-focused thinking: A path to creative decision making*. Cambridge, Massachusetts, Harvard University Press.

6　详见 p. 328 of Edwards, W.（1977）. 'How to use multiattribute utility measurement for social decision making.' *IEEE Transactions on Systems, Man, and Cybernetics* 7（5）: 326–340.

7　有关如何更深入地执行此操作的描述，请参考 pp. 40-42 of Goodwin, P.

and G. Wright（2014）. *Decision analysis for management judgment*, John Wiley & Sons.

8　Bond, S. D., K. A. Carlson and R. L. Keeney（2008）. 'Generating objectives: Can decision makers articulate what they want?' *Management Science* 54（1）: 56–70.

9　关于此话题的更多信息，请查阅 pp. 110-113 of Keeney, R. L.（2007）. Developing objectives and attributes. *Advances in decision analysis: From foundations to applications*. W. Edwards, R. F. Miles and D. von Winterfeldt, Cambridge University Press: 104–128.

10　Bond, S. D., K. A. Carlson and R. L. Keeney（2010）. 'Improving the generation of decision objectives.' *Decision Analysis* 7（3）: 238–255.

11　Klein, G.（2007）. 'Performing a project premortem.' *Harvard Business Review* 85（9）: 18-19. Soll, J. B., K. L. Milkman and J. W. Payne（2015）. 'Outsmart your own biases.' Ibid. 93（5）: 64–71.

12　Porter, M. E.（1979）. 'How competitive forces shape strategy.' *Harvard Business Review*.

13　详见 p. 106 of Keeney, R. L.（2007）. Developing objectives and attributes. *Advances in decision analysis: From foundations to applications*. W. Edwards, R. F. Miles and D. von Winterfeldt, Cambridge University Press: 104-128.

14　p. 98 of Hofstede, G.（2001）. *Culture's consequences: Comparing values, behaviors, institutions, and organizations across nations*, Sage Publications.

15　Helmreich, R. L., J. A. Wilhelm, J. R. Klinect and A. C. Merritt（2001）. 'Culture, error, and crew resource management.', Ibid.

16　请参考 p. 16 of House, R. J., P. W. Dorfman, M. Javidan, P. J. Hanges and M. F. S. de Luque（2013）. *Strategic leadership across cultures: GLOBE study of CEO leadership behavior and effectiveness in 24 countries*, Sage Publications.

17　Huang, X., E. Van De Vliert and G. Van der Vegt（2005）. Breaking the silence culture: Stimulation of participation and employee opinion withholding cross-nationally.' *Management and Organization Review* 1（3）:459–482.

18 关于综述，请参考 Riabacke, M., M. Danielson and L. Ekenberg（2012）. 'State-of-the-art prescriptive criteria weight elicitation.' *Advances in Decision Sciences* 2012. 作为权重分配的入门教材，请参考 pp. 44–47 of Goodwin, P. and G. Wright（2014）. *Decision analysis for management judgment*, John Wiley & Sons, Ibid.

19 Montibeller, G. and D. Von Winterfeldt（2015）. 'Cognitive and motivational biases in decision and risk analysis.' *Risk Analysis* 35（7）: 1230–1251.

03

第三部分
做出决策
——选择最佳解决方案

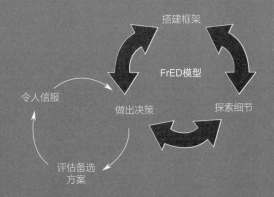

我们在第一部分中回答了"问题是什么",在第二部分中解答了"我可以怎样解决问题",在本部分,我们准备揭示"我应该如何解决问题"。欢迎来到第三部分!

第六章介绍了如何评估备选方案并权衡利弊以确定最佳解决方案。第七章指导人们在必要时后退一步,并调整其他决策。第八章给出了如何有理有据地总结你的观点。最后,第九章弥合了从制定战略到实施战略的差距,因为制定战略一直是本书的重点。

第六章 *III*

选择路线——评估备选方案

通常，我们不可能找到所有备选方案，至少不会同时找到。面对诸多重要的抉择时刻，我们犹如身处岔路口，选择一条道路意味着无法追求其他具有吸引力的道路。因此，在通过发散思维制订潜在备选方案之后，我们要利用收敛思维，努力在资源有限的情况下找出最能帮助我们实现目标的备选方案（见图 6-1）。

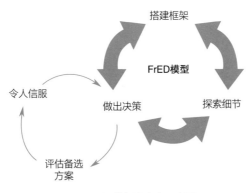

图 6-1　评估备选方案示意图

我们在第五章阐明了备选方案中的重要事项有助于做出决策。通常我们的目标不止一个——比如，一个快捷、低廉和高质量的解决方案——而且通常没有一种在所有标准上都拿到高分的备选方案。我们需要权衡利弊，以获取我们更看重的东西。如果你找到了能够在所有标准上都得高分的备选方案，请毫不犹豫地跳过本章！

为了确定最好的选项，我们需要把选项和标准结合在一起。结合的过程是一个重要的步骤，有点类似于在汽车厂的生产线上把底盘、变速器和发动机组装在一起——这个过程被称为"结合"。我们如何在决策过程中完成结合？决策矩阵（见图 6-2）就很简单实用，因为它包含了决策的四个组成部分：我们在第一章至第三章中确定的任务，在第四章中获得的备选方案，在第五章中确定的标准，以及将在本书第三部分阐释

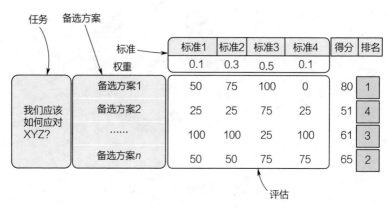

图6-2　决策矩阵示意图

的评估。这个矩阵能够使我们系统地参照每项标准评估每个选项，权衡选项，帮助我们确定最好的方案。

整合矩阵结构

决策矩阵被视为由任务、备选方案和标准组成的整体，目标是结合备选方案检验评估标准（见图 6-3）。

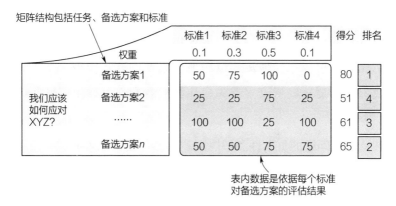

图 6-3　整合矩阵结构示意图

通过分离框架与评估，你可以延迟讨论首选的备选方案。这种做法值得肯定，因为当人们在结构化过程结束之前进行全局评估时，直觉判断的准确性会得到提高。[1]

我们在前几章中搭建了问题框架的结构，现在需要填充内容。

评估备选方案

系统评估每个备选方案有两个好处：一是所有备选方案使用统一标准可以促进公平；二是你在兼顾自己和他人的意愿时会更具责任感。

鉴于决策矩阵的高回报率和易用性，它们应该得到广泛应用。然而，让我们感到惊讶的是，很少看到经验丰富的高管在艰难地做决策时使用决策矩阵去评估。有些人说制作决策矩阵耗时过多，另一些人说决策矩阵没有任何用处，因为决策制定者可以让任何矩阵按照他们想要的方式排布。下一步我们再回复这些异议。首先，让我们看看你可以使用哪些评估方法。

根据问题的复杂性和解决问题的参与度，你可能需要使用定性评估或定量评估。

定性评估：这种方法十分简单，你可以使用一个基本的评分系统来评价每个选项，比如从 0 星到 5 星（见图 6-4）。设置评分系统十分容易，你甚至可以随手写在你最喜欢的餐厅的餐巾纸背面。这样的定性矩阵可以帮助你和你的团队快速了解备选方案的优点和缺点，有助于权衡利弊。

虽然定性矩阵很容易建立，但是它们的价值有限，因为它们不能顾及你主观上对每个标准重视程度的差异。如果你对各项标准的心理预期不同，比如，对你来说，质量比承受能力重要得多，那么仅仅统计每个备选方案的得分并不能得到你期待的最佳方案。事实上，当备选方案在低重要性标准上得分较高时，这种定性评估甚至可能产生误导。

由于其局限性，定性评估有助于初步获得总体权衡的感觉，但它不适用于复杂问题的循证决策。此时，你通常需要设置定量矩阵。

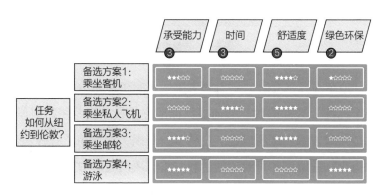

图6-4 定性矩阵

定量评估：为了更好地了解如何对备选方案进行权衡取舍，通常比较明智的做法是对每个标准进行赋值，然后根据每个标准的赋值进行加权统计评估（见图6-5），就像我们在第五章中讨论的那样。赋值是为了计算每个备选方案的分值。[2] 你可以自行完成计算过程，也可以使用龙圣™应用程序辅助。该应用程序还会对评估结果按颜色进行编码，方便使用者通过颜色归类识别胜出的备选方案。

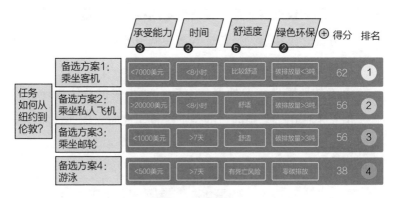

图6-5　定量矩阵

值得注意的是，一些管理者陷入了只关注总分数而不了解每个标准分数的陷阱。如何根据标准评估选项既是一门科学，也是一门艺术。之所以是一门科学，是因为你使用了一种包含结构化、透明度和可验证的过程，将解决问题的方法分解成离散的步骤，在每个阶段系统地检验思路。然而，建立矩阵也是一门艺术，因为在如何收集和评估证据方面，你要做出许多选择（大部分是隐性选择）。最后，你的目标不是找到客观正确的答案——通常情况下是不存在的——而是在你寻找重要结果的过程中，提高你和他人沟通的质量。

但根据我们的经验，高管往往把标准视为一门艺术，而不是用来对基于证据的分析进行评分。因此，高管们可能无法意识到自己的偏见。此外，这种漫不经心的评估方法意味着对建议的支持力度也较弱，最终使采纳这些建议成为见仁见智的事情。没有证据的断言可以在没有证据的情况下被驳回。如果你凭空插入数字来填充矩阵，那么就不要指望它会像使用可验证的分析来制订方案一般令人信服。

因此，你面临的挑战是在资源有限的情况下，尽可能严格地分析问题。问问你自己需要什么证据来根据各项标准评估备选方案，明确你的假设，与持不同意见的人一起测试，全面挑战你的假设。

一般来说，你要尽可能坚定地支持或反对每一个选择，而不是局限于某个视角。[3] 你可以把自己想象成一名准备向法官辩护的律师——并试图尽可能使辩护词保持客观以令人信服——直到最后一刻才知道你的辩护立场是支持还是反对这个案子。采用不同的视角（如组织的、个人的和技术性的）来进一步了解备选方案也是有意义的。[4]

制订折中方案

对照标准评估备选方案有助于全面筛除明显较差的备选方案。决策矩阵可使评估变得轻而易举：如果备选方案 A 在所有参考标准项上得分均低于备选方案 B，则 B 完胜于 A，那么你就可以毫不犹豫地将备选方案 A 从进一步考虑的范畴中剔除。[5]

不过，你经常会面临两难的选择。举一个最近发生的例子，政治家们需要制定如何应对突发公共卫生事件的措施，既要控制病毒的传播，又要减轻因为管控而造成的经济损失和心理创伤。平衡对立的目标是困难的，但不去平衡就会忽略重点。根据同一标准实现业绩最大化是有可能的，但在特定时刻会付出更大的代价，因此决策者必须确定什么是合理的标准。

关键是，即使你可能已经认真地遵循了 FrED 模型，但在做决策时，仍然可能面临两难的困境。FrED 模型并不是消除困难，而是使困难显露出来。

这个结果似乎不太理想，但暴露困难已然是一项重要的贡献了，因为暴露困难更易于征求利益相关者的意见，帮助你完善问题、备选方案、参考标准和评估过程。此外，暴露困难为创建新的备选方案奠定了基础，帮助你跨越权衡取舍的环节（详见下一节）。

请注意我们在本节开始时提出的警告：许多高管认为他们可以通过调整标准和评估的权重，让决策矩阵产生他们想要的结果。"当然，你可以这样做，"我们回答说，"但把你的想法加诸决策矩阵中，比从短暂的讨论中更容易让别人发现你的（有意识的或无意识的）偏见。"简而言之，使用决策矩阵会让你对自己的想法更加负责。

根据我们的经验，你经常会发现自己偏爱的备选方案与决策矩阵中得分最高的备选方案之间存在差异。如果是这种情况，请仔细探索差异。问题也许出在某些标准并不完全相互排斥，或者可能缺少一个重要的标准。比如第五章中的案例，一个团队认为他们已经找到了理想的备选方案，但这是因为他们遗漏了一些关键标准，最后他们通过矩阵结果才发现了被遗漏的标准。在修改了分析过程以增补遗漏后，他们得出了不同的结论。

固然再多的分析都不能保证你选择的备选方案是最好的，但作为一般规则，将任何偏离直觉的行为视为需要进行更多分析的信号都是值得肯定的（有关如何应对不确定性的更多信息，参见第九章）。

通过传递过程的公平性收获支持

不是每个人都会同意你的决定。对一种选择说"是"意味着对其他选择说"不"，做出这样的选择也是一个挑战。正如管理学学者理查德·鲁梅尔特所指出的："对整个充满希望、梦想和抱负的世界说'不'，需要大量的心理、政治和组织工作。"[6]

此外，鉴于我们对事情并非同样重视，不可避免地会有重要的利益相关者不同意你的结论。由于众口难调，我们都有过在努力实现既定目标时让一些人失望的经历，所以我们都知道，仅仅告诉人们你的决定是不够的。那么你应该如何阐释你的决定呢？你可能想强调一下你是如何将其他人的观点纳入决策过程的。对司法程序公平性的研究表明，当被告觉得自己的观点在整个审判过程中被认真考虑时，即使是受到相对严厉的惩罚，被告也会更加"满意"。换言之，人们只是想确定他们的故事曾得到过他人的倾听。[7]

司法程序的规则同样适用于做复杂决定。为了保障程序的公平性，你要在问题解决过程的早期整合其他人的首选方案和重大关切事项。这既能使你中肯地说明最终决定的缘由，也能指出未被选择的备选方案的优势。

除了证明你已经设身处地地将利益相关者的顾虑纳入考虑范畴内，你还要注意如何展示首选方案。研究表明，过于理想的蓝图会散发危险信号。[8] 我们认为当更多的初级团队成员向高级管理人员汇报时，客观地陈述当前进展和预期结果尤为重要，因为这表明初级团队成员已经掌握了问题的复杂性并衡量了潜在的利弊。同样，如果你听到首选方案在所有标准上都得分最高，这应该是一个信号，表明其他方案已经不具备竞争力。天下没有免费的午餐，如果某个备选方案好到令人难以置信，那这个方案很可能并非如此。因此，你需要更深入地挖掘隐含的利弊。

当然，单凭严谨和周到并不能保证每个人都会支持你的解决方案，但会提高最初反对你计划的人的支持率。这就是前期要投入时间做铺垫的另一个原因，因为它可以节省后期游说的时间，增强信服力。

总而言之，你在解决问题时面临的挑战是在保持同理心的同时指引大方向，你可以通过传达程序的公平性来做到这一点。平衡点是个很微妙的存在：显然你需要投入精力让利益相关者参与其中，但你又不宜过度引领。在解决复杂问题时，你面临诸多限制——尤其是可投入时间的限制——你还需要明智地界定对你有利的参与度。

视艰难的权衡为机遇——整合思路

麦克斯打造了自己的汽车模型以回避艰难的权衡

麦克斯·赖斯伯克（Max Reisböck）是 20 世纪 80 年代巴伐利亚宝马公司的一名工程师。[9] 麦克斯和他的妻子想带着家人和两个孩子的玩具（包括自行车和三轮车）去度假。在考虑出行方式时，他面临着一个艰难的取舍：他们可以乘坐家里的宝马 3 系轿车，这是一辆运动型轿车，方便驾驶，但是空间太小，装不下所有行囊。他们还可以乘坐大众旅行车，它有很大的空间，但是操作起来不是那么得心应手。简而言之，他们站在选择的岔路口。虽然不是生死攸关的选择，但也足以让麦克斯感到痛苦，甚至想逃避这种艰难的取舍。

于是，麦克斯绞尽脑汁，努力打破桎梏。最终，他购买了一辆宝马 3 系轿车，然后定制改装后备厢，依据自己的想法打造成旅行车。现在这辆 3 系轿车被称为宝马旅行车，麦克斯也因此获益于两全其美的改造：一辆足够宽敞的运动型汽车，可容纳家庭成员和孩子的各种玩具。正是麦克斯不愿拘泥于既定取舍的想法，使他整合了思路，创造出第三种解决方案。

无巧不成书，宝马公司的管理层一直在考虑制造这种类型的汽车，但一直在犹豫，认为它不符合品牌的运动形象。当看到麦克斯的自制车型时，高管们眼前一亮。最终高管们把车留在了总部，麦克斯不得不开着他的大众汽车去度假！宝马公司也启动了一个官方项目以开发适用于旅行的车型——该车型也是如今宝马车队受欢迎的车型之一。

麦克斯坚持寻找更好的解决方案的经历告诉我们，当我们站在选择的岔路口时，潜藏在这个岔路口的紧张和焦虑可能是创建另一种备选方案的催化剂。我们应该借机积极探索新方案，尤其是在对当前备选方案进行权衡时感到过于痛苦而无法接受的情况下。

管理学者罗杰·马丁（Roger Martin）将整合思路定义为："建设性地面对对立思想的张力的能力，不是以牺牲一个想法为代价来选择另一个想法，而是以包含对立思想元素且优于每一个想法的新思想形式创造性地解决张力的能力。"[10]

FrED 模型流程的每一步都在促进思路的整合：考虑你的追求，广泛地探索备选方案，系统地定义标准，并系统地评估备选方案，这些都为确定解决权衡问题的方法奠定了基础。换言之，当你考虑从两种不完美的解决方案中选择一种时，你所感受到的痛苦成了创建第三种方案的起点。借用这种压力和痛苦试问："我们如何利用现有的模块创建新的备选方案以帮助我们消除取舍带来的焦虑和痛苦？"

乐高前首席执行官乔根·威格·克努德斯托普（Jørgen Vig Knudstorp）表示："当你身为首席执行官时，你总是被迫做出一个简单的假设。你知道答案只有一个。但如果你能探索多个假设，而不是把所有问题都简化为一个假设，你可能会变得更加明智。你会在意取舍，你也会留意机会。"[11] 通过同时考虑多种备选方案，克努德斯托普发现了找出不同解决方案的机会。简而言之，整合思路的目标是从各种备选方案中选出可取的想法，然后整合成一个解决方案，得到比任何现有方案都更理想的结果。

阐释并质疑结果

当你系统评估备选方案时，决策矩阵将突出显示最佳方案。结果喜人，但这还不是解决问题的终点。事实上，评估的结果不应被视为原始问题的解决方案，而应被视为更详尽地说明了选择一种或另一种方案的后果。[12] 到目前为止，评估过程是辅助决策的工具，你现在需要评价评估的益处。为了帮助你客观评价，你可以根据推理和证据的质量来评估分析的质量（见图 6-6）。

你需要高质量的推理和高质量的证据。用数学家和物理学家亨利·庞加莱（Henri Poincaré）的话来说："科学的基础是证据，就像房子的根基是石头一样。但是一堆证据不能构成科学，一堆石头也成不了房子。"[13]

图 6-6　根据推理和证据的质量评估分析的质量

那么，如何检验质量呢？检验方法多种多样。

- **尝试敏感性分析**：如果你修改了标准的权重或备选方案的评估方法，那么备选方案的排名会发生什么变化？如果小的修改导致备选方案排名发生明显变化，那么说明你的分析结果并不可靠，并且会打击信心（更多关于信心的信息，参见第九章）。此外，如果权重和评估发生较大修改后备选方案还能基本保持原有排名，那么你可能会对分析结果更有信心。[14] 无论哪种方式，请批判性地思考分析中的"那又怎样"。

- **从外部看**：给别人提供深思熟虑的建议往往比给自己提供建议更容易。对解释水平理论（construal level theory）的研究表明，距离能够提高清晰度。[15] 当我们给别人提建议时，我们更容易关注最重要的因素，而我们的思维会在许多变量之间徘徊。换言之，当我们想到别人时，我们想到了森林，而当我们想起自己时，我们被困在了树里。为了制造更大的思考空间，我们需要经常问自己几句"如果……"的问题。英特尔前首席执行官安迪·格罗夫（Andy Grove）的经历就是一个很好的例子，他曾在面临终止一个重要项目的艰难决定时求助高管团队："我们的继任者会怎么做？"这样做有助于团队拓展决策的广度。[16]

- **寻找"魔鬼"的倡导者**：我们在第四章强调了倡导（建设性的）异议的价值。现在正是另一个让一两个"魔鬼"的倡导者质疑推理结果的好时机。换句话说，为持不同意见的人发声创造一个安全的环境（见下文）。

- 尽可能实施多轨选择方案：在我们的教学和咨询工作中，高管们经常告诉我们，他们不想选择某个备选项，而是想同时从事各种各样的工作，"以保持选择的余地"。毫无疑问，如果条件允许，这可能是一种有效的方法。通过不做不必要的艰难决定，你可以避免放弃其他有吸引力的机会，并且不会面临选择失败的风险，最终还能降低投资组合中的风险。当多种备选方案同时试运行时，你可以收集更多信息并检验预测是否成立。在日益数字化的世界中，运行 A/B 快速测试通常变得更加切实可行，这种测试使你初步了解备选方案在现实生活中的实际效果。由于可以以较低的边际成本完成，因此跟踪多个备选项的运行过程可以成为推迟最后决策时刻的工具之一。请注意，上述行为本身就是一个决定，因此你需要控制试点的成本。尽管不承认的好处是让备选方案可以开放更长时间，但你也将有限的资源分散到多个备选方案中，削弱了备选方案的有效性。你需要评估是否能负担得起这种稀释。

- 相信独立观点对个人评估的聚合平均值的影响：想想这些天我们有多少人预订了假期旅行时居住的宾馆。我们不会与刚从旅游胜地回来的朋友交谈，而是会查询旅游指南和浏览汇总用户意见的网站。通过整合独立的观点，我们从这些资源中获得了更坚实的基础来预测托斯卡纳之旅是否会成为我们的梦想之旅。需要明确的是，这些评估并不是万无一失的——我们中的一个人回忆起在罗马旅行时去过的一家餐馆，那家餐厅在网上的评价非常高，但现实却很糟糕——总的来说，将独立的数据点[17]聚集到大规模的研究中可以帮助我们形成更好的判断。[18]战略挑战数据可能不像酒店评论那样容易获得，但如果我们只是将某人讲述的一个故事作为轶事证据，用以证明对该选择的评估是合理的，那么我们应该持怀疑态度。此外，请注意，如果不同的观点是独立的，那么使用不同的观点来确定要做什么是有益的。[19]最后，我们分析的质量只取决于我们收集到的支持评估的证据的质量。

营造安全的环境

心理安全感是指团队成员能够承认错误、表达不同意见、愿意寻求反馈、提供诚实反馈、承担风险或承认困惑而不必冒着被拒绝或被惩罚的风险的感觉。实证数据表明，心理安全感是各种跨组织环境和跨地域团队有效性的有力预测指标。[20]

研究还表明，心理安全感与学习相关，这在复杂和快速变化的环境中尤为重要。[21]

创造一个可以接受异议的环境是值得鼓励的。在理想的情况下，团队成员首先提出异议，然后承诺做出决策。

本章要点

根据每条标准评估各备选方案。在资源有限的情况下，尽可能严格地进行评估。

让利益相关者拥有被倾听的感觉——即使你没有选择他们偏爱的备选方案，他们也应该能感受到自己的观点或多或少地被吸纳其中。

使用决策矩阵来提高你的感知能力：识别"那又怎样"的分析。

表面权衡。备选方案在所有标准中得分最高的情况极为罕见，如果出现这种情况，你更要对备选方案持批判的态度。同样，如果力推的备选方案只有优点，也是个危险的信号。

注　释

1　Kahneman, D., D. Lovallo and O. Sibony（2019）. 'A structured approach to strategic decisions.' *MIT Sloan Management Review* Spring 2019.

2　尽管这种简单的加性模型非常流行，但当标准不完全互斥时，加性模型的使用也受到限制。更多关于此话题的内容请参考 p. 48, pp. 54–55 of Goodwin, P. and G. Wright（2014）. *Decision analysis for management judgment*, John Wiley & Sons. For a review of multi-criteria decision analysis, see Marttunen, M., J. Lienert and V. Belton（2017）. 'Structuring problems for multi-criteria decision analysis in Practice: A literature review of method combinations.' *European Journal of Operational Research* 263（1）: 1-17.

3　关于讨论内容，请参考 Lovallo, D. and O. Sibony（2010）. 'The case for behavioral strategy.' *McKinsey Quarterly.* 也可参考 pp. 103-104 of Chevallier, A.（2016）. *Strategic thinking in complex problem solving.* Oxford, UK, Oxford University Press.

4　Nutt, P. C.（2004）. 'Expanding the search for alternatives during strategic decision-making.' *Academy of Management Perspectives* 18（4）: 13-28.

5　请参考 p. 49 of Goodwin, P. and G. Wright（2014）. *Decision analysis for management judgment*, John Wiley & Sons.

6　请参考 p. 62 of Rumelt, R. P.（2011）. *Good strategy/bad strategy: The difference and why it matters.*

7　Lind, E. A., C. T. Kulik, M. Ambrose and M. V. de Vera Park（1993）. 'Individual and corporate dispute resolution: Using procedural fairness as a decision heuristic.' *Administrative Science Quarterly:* 224-251.

8　Friestad, M. and P. Wright（1994）. 'The persuasion knowledge model: How people cope with persuasion attempts.' *Journal of Consumer Research* 21（1）: 1-31.

9 关于麦克斯·赖斯伯克故事的简短描述，请参考 BMW.（2020）. 'The seven generations of the BMW 3 series.' Retrieved 29 July, 2021, from https://www.bmw.com/en/automotive-life/bmw-3-series-generations. html.

10 请参考 p. 15 of Martin, R. L.（2009）. *The opposable mind: How successful leaders win through integrative thinking*, Harvard Business School Press.

11 请参考 p. 8 of Riel, J. and R. L. Martin（2017）. *Creating great choices: A leader's guide to integrative thinking*, Harvard Business Review Press.

12 Riabacke, M., M. Danielson and L. Ekenberg（2012）. 'State-of-the-art prescriptive criteria weight elicitation.' *Advances in Decision Sciences* 2012.

13 请参考 p. 156 of Poincaré, H.（1905）. *Science and hypothesis*. New York, The Walter Scott Publishing Co., Ltd. 还可参考 pp. 124-131, p. 269 of Gauch, H. G.（2003）. *Scientific method in practice*, Cambridge University Press.

14 请参考 p. 51 of Goodwin, P. and G. Wright（2014）. *Decision analysis for management judgment*, John Wiley & Sons.

15 Trope, Y. and N. Liberman（2010）. 'Construal-level theory of psychological distance.' *Psychological Review* 117（2）: 440.

16 关于从外向内看，请参考 Kahneman, D. and D. Lovallo（1993）. 'Timid choices and bold forecasts: A cognitive perspective on risk taking.' *Management Science* 39（1）: 17-31.

17 聚集非独立观点的危险。假设感恩节前美国农场里有一只火鸡（不是美国人的读者可能难以理解，因为美国人会在感恩节吃掉大量的火鸡）。火鸡发现农夫每天给它喂食，它可能会得出农夫是它的朋友的结论，并期望农夫无限期地喂养它。它可能还会询问农场里其他火鸡的意见，根据同样的回答，火鸡们可能会得出同样的结论："因为农夫每天都喂我们，因此农夫是我们的朋友。希望明天我们会有更多的食物。"不幸的是，在感恩节的早上，这只火鸡就会面对现实。火鸡本可以更好地通过对独立来源的证据进行三角分析而形成自己的观点，比如在农场中寻找一下年迈的火鸡，看看农场里有没有年迈的火鸡，或者向农场里的狗询问关于火鸡的经历。更多关于火鸡的信息请参考 pp. 40-42 of Taleb（2007），或者回到最初的例子，伯特兰·罗素（Bertrand Russell）的鸡——不幸的是，长着羽毛的家伙没有善终。如果火鸡的例子说明了汇集有偏见的观点的危险，那么高尔顿的牛的例子则有助于说明汇集独立的观点如何减少异议。在一次乡村集市上，弗朗西斯·高尔顿爵士（Sir Francis Galton）让 787 名村民估计一头牛的重量。虽然没有人完全猜对，但大家猜出的平均重量已接近完美［估值为 1207 磅（1 磅 =0.45 千克），实际重量为 1198 磅］。Galton, F.（1907）. 'Vox populi.' *Nature* 75: 450-451. 其他实证结果表明，只有当各独立个体的准确性相对相似时，独立个体意见的集合才能优于最佳独立个体的意见，详见 Kurvers, R. H., S. M. Herzog, R. Hertwig, J. Krause, P. A. Carney, A. Bogart, G. Argenziano, I. Zalaudek and M. Wolf（2016）. 'Boosting medical diagnostics by pooling independent judgments.' *Proceedings of the National Academy of Sciences* 113（31）: 8777-8782.

18 这就是基于整合分析原则的结论。虽然不完美，但提供了极好的证据质量标准。请参考 Stegenga, J.（2011）. 'Is meta-analysis the platinum standard of evidence?' *Studies in history and philosophy of science part C: Studies in History and Philosophy of Biological and Biomedical Sciences* 42（4）: 497-507. Greco, T., A. Zangrillo, G. Biondi-Zoccai and G. Landoni（2013）. 'Meta-analysis: Pitfalls and hints.' *Heart, Lung and Vessels* 5（4）: 219.

19 Wallsten, T. S. and A. Diederich（2001）. 'Understanding pooled subjective probability estimates.' *Mathematical Social Sciences* 41（1）: 1-18. Johnson, T. R., D. V. Budescu and T. S. Wallsten（2001）. 'Averaging probability judgments: Monte Carlo analyses of asymptotic diagnostic value.' *Journal of Behavioral Decision Making* 14（2）: 123-140.

20 Tannenbaum, S. I., A. M. Traylor, E. J. Thomas and E. Salas（2021）. 'Managing teamwork in the face of pandemic: Evidence-based tips.' *BMJ*

Quality & Safety 30（1）: 59-63. Frazier, M. L., S. Fainshmidt, R. L. Klinger, A. Pezeshkan and V. Vracheva（2017）. 'Psychological safety: A meta-analytic review and extension.' *Personnel Psychology* 70（1）: 113-165.

21　Edmondson, A. C. and Z. Lei（2014）. 'Psychological safety: The history, renaissance, and future of an interpersonal construct.' *Annual Review of Organizational Psychology and Organizational Behavior* 1（1）: 23-43.

第七章 *III*
调整相互依赖的决策

Boklok 的决策调整[1]

瑞典预制房屋制造商 Boklok 是家具零售商宜家和全球建筑公司斯堪斯卡公司的合资企业。当 Boklok 投入运营时，管理团队在商业模式运作方面做出了各种综合评估，如提供的房型、确定增长点、加工生产地，以及如何进入市场等。

尽管团队做出了努力，但该计划未能如期启动。事实证明，该团队未能在宜家和斯堪斯卡公司之间确定合适的组织架构，以确保住房单元的生产和交付符合成本效益和时间的要求，这成为多年来阻碍联合计划落地的因素。简而言之，尽管 Boklok 的管理团队考虑了很多必须做出选择的领域，但他们遗漏了一个重要领域，这一疏忽导致前功尽弃。

宜家－斯堪斯卡 Boklok 项目的启动强调了决策者在解决复杂问题时必须要宏观把控，整合多个领域后再进行抉择。正如战略学者迈克尔·波特所说："公司的战略定义了业务配置与业务之间的相互关系。"[2] 预先定义需要决策的领域也是挑战的一部分。在制定战略的实践中，高层决策者通常只关注一个或几个重要领域——比如确定目标市场和产品特性——把其他的领域留给公司里较低级别的管理者。然而，如果忽略了需要与其他决策紧密结合的关键领域，比如设定实施速度、推出战略的顺序、找出合作方法，那么整体战略就会面临风险。因为这些决策最终将由较低级别的管理者做出，而这些管理者没有建立基于宏观跨领域决策所需的大视角。

本章将指导你协调相互依赖的决策，还介绍了一些取决于挑战性质的行之有效的框架。

确定需要做出其他决策的地方
——让幼龙排队

用 FrED 模型处理龙（问题），那么这是条什么龙呢？回顾第一章，龙有两种类型：巨龙和幼龙。如果用 FrED 模型应对巨龙，那么就要通过合适的方法来对付巨龙，选择的应对方法就是制定战略。但是，如果 FrED 模型应对的是众多幼龙中的一条，那么你还需要解决其他相关问题（龙族中的其他幼龙）。也就是说，你需要在其他选择领域做出决策，并将其作为整体战略的有机组成部分（见图 7-1）。

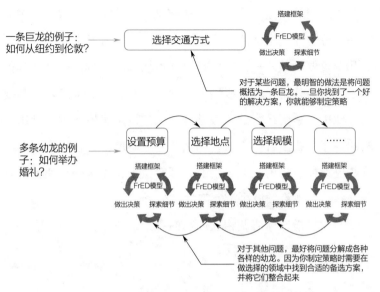

图 7-1　用 FrED 模型处理龙（问题）

◎ 把你的问题想象成一条巨龙或者一群幼龙

一般来说，复杂的问题，特别是有关制定战略方向的问题，通常有许多机动的部分。有效的策略可以协调不同的决定，将不断的努力转化为巨大的结果，使一个组织能够克服障碍，或者创造其他人难以复刻的成功。以宜家为例：竞争对手或许可以复制其价值主张的一部分，比如家具的自我组装，但要模仿宜家的整体运营模式——采用创新的店面布局、提供儿童保育和餐厅服务、将门店置于黄金地理位置、聘请专注于生产成本的内部设计师、提供商品目录等——则非常困难。[3] 目前尚不清楚是否有颇具竞争力的能够提供完整报价的机构。复杂的问题归根到底就是难以理清思路的问题，只有通过不停地理清思路才能解决它。然后，不管问题是多么千丝万缕，你都要积极处理。

此时，你需要二选一。将问题想象成应对一条巨龙会更有竞争力，因为直接套用 FrED 模型就可以制定策略。然而，在某些情况下，这种方法可能会令人望而却步。假设你要绘制一张行为导图，该导图需要显示你在策划一场婚礼时的所有准备工作：预算、婚礼的举办地、宾客名单、提供的食物、是否有现场音乐、晚餐的座位安排等。

如果按照上述问题进行绘制，这张行为导图最终将会多么庞大！而且也不是特别实用，因为你很难对有许多分支的备选方案进行比较。例如，你会如何比较：①在偏远乡村举办婚礼，现场播放着乡村音乐，你会邀请所有的朋友和家庭成员一起烧烤；②在市中心的豪华酒店举办婚礼，你只邀请最亲密的家人和朋友共享盛宴。鉴于此，你最好能将备选方案分解成幼龙。首先确定婚礼的整体规模（一条巨龙），然后再进行其他分类，检查各个分支是否相互影响，或者至少保持关联。

因此，如果一种方法是把问题看成是一条巨龙，那么另一种方法就是把问题看成是一群幼龙。每条幼龙都能独立地运用 FrED 模型，并且都能根据该模型创建自己的任务、备选方案、标准和评估方法。毫无疑问，这种细分的方法降低了每个 FrED 模型绘制个体决策的复杂性，但它并没有解决在不同领域之间选择的需求。那么，你到底应该把问题看成是一条巨龙还是一群幼龙呢？

◎ 抛开个人偏好，以问题为导向

根据我们的经验，没有放之四海而皆准的办法。我们花了很长时间思考这个问题，也进行过多次激烈的辩论——这无疑是我们引以为傲的关于异议和承诺的例子之一——但是，平衡复杂性和一致性的根本困境依然存在。因此，我们简而答之："不要让个人偏好支配做事方法。"

一个优秀的高尔夫球手不能只使用他喜欢的球杆，而要使用进球率最高的球杆。同样，把问题当作一条巨龙或一群幼龙来处理，不应该只取决于个人喜好。

虽然没有硬性规定，但回答以下问题有助于你选择方法：

- **各个决策之间是否相当独立？** 如果答案是肯定的，考虑将他们视为一群幼龙。如果各个决策是高度相互依赖的，那么就选择处理巨龙的方式。因为相互依赖会导致不够独立，在解耦过程中难以管理（例如，关于产品和市场的决策通常是紧密相连的）。

- **这个决策是否比其他决策更有争议？** 如果答案是肯定的，那么这个决策应该成为一条优先考虑的幼龙，你可以先自行解决。例如，我们与一家大型医疗科技公司举办了一场研讨会，高管团队希望为其业务部门制定一个为期五年的战略，包括关于研发、生产、质量、市场和营销的决策。由于研发是一个颇受争议的选择领域，团队成员对此持不同意见。因此他们对该领域进行了优先排序，在讨论其他选择之前对其进行了详细讨论。

- 是否有一个最重要的决策？ 有时你需要做出各种各样的决策，但其中的一个决策会起到拨云见日的效果。为了说明这一点，管理学学者理查德·鲁梅尔特举了一个例子：假设你在洛杉矶郊区经营一家小型杂货店。面对日益激烈的竞争，你必须找到更多的客户。你列出了可行的办法：延长营业时间、为目标人群增加更多特色食品、增加停车位、提供其他便利设施等。同时考虑这些选项会让人不知所措，因为排序的工作量过大。相反，更明智的做法可能是先做一个关键的决定，这将有助于你做出其他选择。例如，你可以首先确定你致力于服务的市场主体，比如在（对价格更敏感的）学生和（更在意便捷度的）职场人士之间进行选择。[4] 每个决策都需要经过不断地权衡再做出。一旦你优先做出决策，其他决策的复杂性就被明显降低。例如，如果你的目标是职场人士，那么做出是否在下午 5 点后开放更多收银台、是否增加停车位、是否改变产品供应清单（例如，用更优质的食物代替零食）或是否限制营业时间的决策就会更加容易。

- 完全整合问题会产生过于复杂的巨龙吗？ 如果把所有选项合并在一起——正如上述婚礼的例子——会给你带来一

个棘手的问题，你最好分别考虑各个选项。

- 你要让不同的人参与不同的决策吗？如果答案是肯定的，你要把不同的人当成幼龙，这样每个决策过程中的参与者都是直接相关的。

考虑套用现有框架

你将面对许多具体问题。对于这些问题，你必须从头开始研究策略。然而，你可能会不时地面临一个个常规性的挑战。此时，从一个密切相关的问题或者从一个毫不相关的来源中，利用类比思维来套用现有框架会更加行之有效。

假设你正在为企业制定战略。你可以使用汉姆布瑞克（Hambrick）和弗莱德里克森（Fredrickson）的战略钻石模型，而不是从头开始计算出制定战略所需的所有幼龙。[5]该模型提出，制定战略需要在五个关键领域做出决策：场地、差异、方法、实施和经济逻辑（见图 7-2）。

如果你发现战略钻石模型能够长远地预见你所面临的挑战，那么你可以将这五个选择领域作为决策清单。

同理，假设你想要（重新）定义企业的业务范围。奥斯特瓦德（Osterwalder）和皮尼厄（Pigneur）的商业模式画布（BMC）可能会起一定的作用。[6]商业模式画布提供了九个可供选择的领域：合作伙伴、关键活动、核心资源、成本结构、价值主张、客户关系、渠道通路、客户细分和收入来源——你可以用其制作幼龙列表。其他可能有用的框架包括加尔布雷思（Galbraith）的星状图、波特的五力分析模型（Five Forces Model）、安索夫（Ansoff）的增长矩阵（Growth Matrix）、道斯矩阵（SWOT）、PESTEL 分析模型（PESTEL Analysis）等。[7]

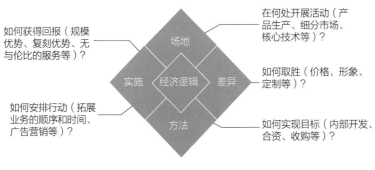

图 7-2　战略钻石模型示例

套用现有框架是值得推荐的方法。套用现有框架能够帮助你确定在决策过程中需要考虑的内容，这样，搭建框架的重任就交给了管理学学者。然而，套用现有框架也具备一定的风险。现有框架的一个结构性弱点是缺乏针对特定问题的洞见力。因为它们不是为解决特定问题而量身定制的，它们可能包括无关紧要的内容，或者它们可能会以一种隔靴搔痒的方式分解问题。普遍适用的框架也会缺乏互异性和全面性。[8]

套用现有框架的情况普遍存在，因为商学院的普适课程就是应用预先制定的战略框架制定战略。在攻读 MBA 期间，学生们会学到各种各样的战略框架。但是毕业后，他们可能只记得两三个。等到那时，无论面临什么样的挑战，他们都会强行套用学过的有印象的框架。用心理学家马斯洛（Maslow）的话来说："如果你唯一的工具只有锤子，那么这也是件好事，因为你可以把一切都当作钉子。"我们也曾见到战略家们套用框架的案例，比如将 PESTEL 分析模型当作万能锤一般分析他们遇到的所有问题。有时套用模板是有效的，但总的来说结果并不是十分理想。因为套用框架会让人产生错觉，会让他们误认为自己已经做过质量分析，而事实并非如此。所以，套用框架可能是一次具有风险的实践。

那么，你是否应该套用现有的框架来解决问题呢？让我们来辩证地看待这个问题：现有框架可能是个合格的仆人，但却是个糟糕的主人。如果你的问题恰好与现有框架的问题高度相似，那么你可以不假思索地使用它。否则就要另当别论：你现在已经知道如何使你的思想更生动全面、更有见地，因此，你可以为你的问题量身定制合适的框架。亲爱的读者，如果你掌握了搭建框架的能力，那么你就会超越许多战略家！

本章要点

你要充分挖掘潜在决策，这样才能保证决策的一致性。

现有的战略框架通常不能完全满足你的个人需求，所以你也不要过于执着地使框架适应你的具体需求；即使不能套用现成的框架，你也不必担心，你只需要开发适合自己问题的框架。你所要做的是进行积极全面的思考，使想法更具洞见力。

如果你面对的不止一条龙，那么你就要整合每条分析结果并使之自我强化。

现有框架可能是个合格的仆人，但却是个糟糕的主人。你能够从现有的框架中获得启示，但将想法完全外包给一个在设计框架过程中对问题的复杂性一无所知的人是十分不明智的做法。

注　释

1　Burgelman, R. A., M. Sutherland and M. H. Fischer（2019）. BoKlok's Housing for the Many People: On-the-Money Homes for Pinpointed Buyers. *Stanford Case SM298A.*

2　详见 p. 102 of Porter, M. E.（1991）. 'Towards a dynamic theory of strategy.' *Strategic Management Journal* 12（S2）: 95-117.

3　Porter, M. E.（1996）. 'What is strategy?' *Harvard Business Review.*

4　详见 pp. 86-87 of Rumelt, R. P.（2011）. Good strategy/bad strategy: *The difference and why it matters.*

5　Hambrick, D. C. and J. W. Fredrickson（2001）. 'Are you sure you have a strategy?' *Academy of Management Executive* 15（4）: 48-59.

6　详见 pp. 14-44 of Osterwalder, A. and Y. Pigneur（2010）. *Business model generation: A handbook for visionaries, game changers, and challengers*, John Wiley & Sons.

7　更多框架的模板请参考 Planellas, M. and A. Muni（2020）. *Strategic decisions*. Cambridge, Cambridge University Press. 也可参考 pp. 72-74 of Chevallier, A.（2016）. *Strategic thinking in complex problem solving*. Oxford, UK, Oxford University Press. 也可参考 pp. 109-111 of Baaij, M. and P. Reinmoeller（2018）. *Mapping a winning strategy: Developing and executing a successful strategy in turbulent markets*, Emerald Group Publishing.

8　Grönroos, C.（1997）. 'From marketing mix to relationship marketing-towards a paradigm shift in marketing.' *Management Decision* 35（4）.

第八章 ⅠⅠⅠ

众望所归——有效说服

为了有效地执行决策，即使是最好的分析也不能孤芳自赏。所有决策必须都能够说服主要利益相关者。我们将在本章把注意力从得出可靠的结论转移到探索如何将可靠的结论整合成令人信服的信息（见图8-1）。

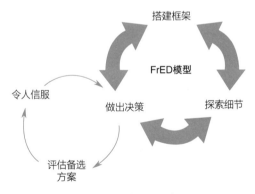

图8-1 有效说服示意图

生成令人信服的信息

在理想世界中，人们都是完全理性的。你需要做的就是提出你的建议，解释你提出这些建议的方法，然后证明分析的可靠性。你的听众会敬畏你的专业精神，并支持你的建议。

事实上，即使是再完美的解决方案，也不会赢得所有人的赞同。此外，方案通过的过程背后还有隐藏的议程、地盘的争夺和错误的逻辑。作为人类，我们不仅不由自主地受到前额皮质驱动的理性思维的引导，还强烈地受到根深蒂固的情感反应的影响（还记得绪言中提及的第一系统思维和第二系统思维吗）。综上所述，无论你分析得多么精彩，如果只能证明分析内容的内在有效性，那么说明该内容不是很有说服力。简言之，正确性与有效性之间往往存在差异，后者要求正确性本身需要具有说服力。

说服他人并不是新鲜事，我们是有典可依的。例如，亚里士多德的说服模型依赖于三大支柱：逻辑诉求（logos）、人格诉求（ethos）和情感诉求（pathos）[1]（见图8-2）。

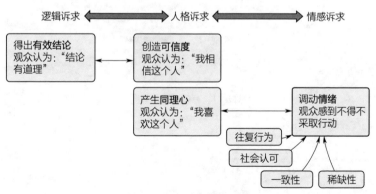

图8-2 亚里士多德的说服模型

◎ 诉诸逻辑 / 理性

逻辑（或理性）旨在使用有效的推理和高质量的证据得出有效的结论。本书的前几章展示了如何使用 FrED 模型来锐化逻辑诉求。然而，我们对另外两个支柱——人格诉求和情感诉求——还没有给予太多关注。

◎ 诉诸人格 / 道德

诉诸人格包括与听众建立信任，发起共情，以增加听众接受观点的概率。[2]

- 建立信任。除了使用有效的推理和高质量的证据，你还可以通过熟练地展示专业知识来证明你的建议的可信度。与其假设你的建议不言而喻，不如解释一下为什么你有资格提出这些建议。在诸如"相信我，我是一名医生"或"我们在哈佛……"之类的声明中，你会听到这种精神上的呼吁。每当某位演讲者被介绍给你认识时，你都会听到类似的介绍："她是著名大学的教授。""他曾在 Amazing 咨询公司担任高级合伙人长达 25 年。"或是对精神气质和懒散表现的终极诉求："一个不需要介绍的人。"（这只适用于那些确实不需要介绍的人。）请注意，这种对信任度的诉求需要时间来构建，就像你不可能一夜之间成为声名远扬的人一样。同样，在你提出论点之前，你需要有值得信赖的记录："正如我在类似情况下一再表明的那样，你可以信任我。"

- 产生共情。寻找你和听众的相似之处并真诚地赞美。人们更愿意对他们喜欢的人袒露心扉。所以，你要争取讨人喜欢！但这并不意味着你现在不讨喜，你要做到比现在更讨人喜欢。那么如何落实呢？首先你要向听众展现出最完美的一面，从穿着得体入手。正如我们的同事菲尔·罗森茨维格（Phil Rosenzweig）所言，光环效应（halo effect）是一种趋势，我们必须让我们的整体印象影响我们的思维。[3] 产生共情的其他方式包括让听众觉得你关心他们的感受，理解他们的想法，置他们的利益于心上。

◎ 关注情感/情绪

你可以通过感伤唤起情感。[4] 社会心理学家乔纳森·海特（Jonathan Haidt）使用大象和骑手的比喻来强调情感的重要性。大象代表情绪化，而最顶端的小骑手则代表理性分析。[5] 虽然骑手可以为大象提供方向，但最终是大象在移动和维持动力。同理，我们的决策共同依赖于理性评估及陈旧的、根深蒂固的情感驱动思维和感觉机制。[6] 这一现实并不一定是负面的，因为研究表明，在决策过程中体验到的情感和情绪会对整体决策效果产生积极影响。[7]

社会科学家已经总结了各种可以帮助你调动观众情绪的方法。

- **适当地表达感受。** 在 2010 年左右，苹果公司取代了诺基亚在智能手机市场的领先地位。因此，诺基亚前首席执行官史蒂芬·埃洛普（Stephen Elop）不得不向公司提出严格的要求来改善现状。他不再只是展示分析图表，而是用一个比喻来强调诺基亚的尴尬处境："我们的企业现在处于水深火热之中，我们必须做出改变。在过去的几个月里，我和大家分享了我从股东、运营商、开发商、供应商和员工那里听到的消息。今天，我将分享我所学到的东西和我相信的东西。我们现在的处境危机四伏，若我们稍有松懈，就会功亏一篑。"[8] 埃洛普选择的这个比喻是否恰当，是否能够帮助诺基亚做出扭转乾坤所需的改变，还是值得商榷的。无论你是否在积极地解决问题，你传达的任何理性信息既会影响听众的感受，也会左右他们的选择。不要期待观众自己做出反应，你要主动引导观众表现出你所期待的反应，比如愤怒、恐惧、喜悦、兴奋、信任……一旦你确定了你所期待的反馈，就要制定相应的演讲内容。例如，讲个故事，打个比方，努力在演讲中渲染气氛，调动情绪。

- **产生互惠的需求。** 我们需要以退为进。作为个人，我们需要认同一个准则，即回报收获。这就是为什么营销人员会提供免费样品，人们为什么会在谈判中赠送礼物或提

供优惠。回报的同时也要做出让步,如果我们拒绝了一
个比较大的要求,那么我们就可能要接受一个较小的要
求以作为补偿。[9]

• 利用社会认可(或同伴力量)。虽然我们以独立为荣,但
事实上,同龄人的行为会对我们产生巨大的影响。我们
已经在上文定义了这种行为,称之为锚定,并将其标记
为错误(或偏差)。但这个错误会转变成一个特质:如
果你能让一定数量的人按照你的意愿行事,那么他们的
行为就会影响更多人。当你做好准备宣传提议时,你需
要确定合作对象。彼得·布洛克(Peter Block)的信任
协议矩阵(trust-agreement matrix)可以帮助你对利益相
关者进行分类,以确定合作方式(见图8-3)。[10] 在矩阵
中,信任度取决于你与每个利益相关者之间关系的远近
亲疏,受先前互动结果的影响。协议是指你和利益相关
者是否就手头的具体问题达成一致。根据利益相关者在
矩阵中的位置调整沟通方式。例如,你可能首先想联系
与你有共同愿景及有信任关系的盟友以获得他们的支持
和反馈。其次,你可能会转向与你有信任关系的对手以
获得关键反馈。最后,你再转向信任度较低的利益相
关者。

• 利用一致性。让利益相关者积极、公开和自愿地同意你
的建议。人们总是希望言行一致。因此,如果我们能让

人们尽早承诺支持，那么就更容易获得实际支持。具体而言，在将建议提交给主要利益相关者之前，你应该与他们进行一对一的对话。

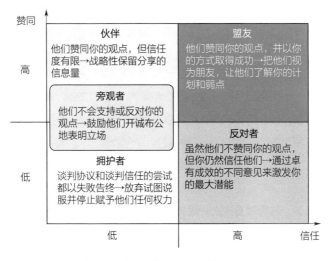

图 8-3　彼得·布洛克信任协议矩阵

• 制造稀缺性或收缩供应窗口。无论是否能够意识到这一点，我们往往会发现供不应求的机会比充足的机会更令人向往。[11] 这种避免稀缺的倾向与我们内在的避免损失的偏好密切相关，这种偏好表现为我们更倾向于选择一件有把握的事情而不是进行一场赌博，即使这场赌博会得到超过预期的回报。[12] 从实际出发，你应该想要制定让利益相关者避免损失的建议。

扭转乾坤

当现存条件具有挑战性时，团队更有可能无法实现目标。如果挑战成倍增加，就会形成恶性循环，使团队合作的积极性日益受挫。不过幸运的是，研究表明采取适当的缓解策略会有所帮助。[13] 缓解策略包括：

- 形成对挑战的共同理解。团队成员不必知道完全相同的事情，但他们必须对挑战的关键要素有"共同"的理解。随着各种证据浮出水面，不同的利益相关者会各持己见。此时，提醒所有成员重温努力的目标和决策的标准会起到一定的作用。

- 承认胜利和成功。怀揣着即使在不利条件下也能成功的信念的团队会取得更好的表现。承认团队的成功——无论大小——都是一种有效的方式。因此，如果团队的进展陷入僵局，有必要提醒团队，正是因为他们之前已经克服了其他障碍和分歧才取得了现在的结果。

- 建立心理安全感。回顾前几章，心理安全感是团队成员认为他们可以承认错误、表达不同意见或坦承困惑而不冒被拒绝或处罚的风险的感觉。心理安全感是团队有效性强有力的预测因素。当团队领导不能明察秋毫，必须依靠团队成员提供线索和信息时，心理安全感尤为重要。[14]

- 积极提升团队韧性。团队韧性是指团队成员承受逆境并从逆境中恢复的能力。具有韧性的团队通过预测挑战并向团队成员传达过程中可预期的艰难险阻，从而最大限度地减少压力带来的负面影响。这样做有助于团队成员在团队中健全成长心态。实验证明，与采用固定型思维模式（相信智力和才能是静态的）

相比，采用成长型思维模式（相信智力和才能是可以提高的）可以帮助人们以更有建设性的方式克服挫折。[15] 此外，领导者可以通过评估新出现的挑战，熟练地在"正常"和"紧急"模式之间引导团队前进并及时提供最新信息以应对挑战和挫折。

当面告知对方你的目标

不要等到向利益相关者做演示时才发现有些人反对你的想法。相反，在时间允许的情况下，单独与利益相关者交流，评估他们对方案支持（或反对）的程度，更好地总结共鸣点。

我们在这个阶段经常遇到的问题是：你是应该先告诉听众你的目标，还是先让听众自己尝试得出结论？为了得到启示，请阅读以下段落：

报纸优于杂志，海滨优于马路。起初，跑步比走路好。但是你需要通过尝试才能得出这些结论。得出结论需要技巧，不过技巧很容易掌握，即使是小孩子也能掌握。一旦尝试成功，复杂性就会大幅降至最低。鸟儿很少靠近。雨水很快会渗透。因为每个人都需要发挥的空间，所以太多人一起做这件事情会产生问题。如果不存在复杂性，那么就能很平静地解决。你甚至可以用一块岩石作为锚，但是如果锚脱落了，你就不会再有第二次机会。

也许你会被上述段落吸引。但是如果我们一开始就告诉你，我们想制作风筝，并且放风筝，你还会被吸引并产生其他见解吗？[16]

关键在于，如果你不提前告诉听众你的目标是什么，他们就很容易迷失在具体的细节中。一旦他们把握了你的整体观点，他们就需要重新审视你之前所有的观点，以核验同意与否。如果你先告诉听众你的目标，他们就能更有效地整合新信息。

另外，悬念和紧张感可以成为与听众互动的有力工具。[17]例如，在演讲开始时提出一个问题，让听众思考问题的重要性，以及可能的答案。这种互动可以产生强烈的吸引力，培养听众对后续问题的兴趣和好奇心。

把所有的精力都投入到分析怎样增加互动并不是对有限资源的最好利用。然而，没有一种正确的方法可以设定交流方式。互动性取决于演讲类型、听众和时间要求等综合因素，关键还需要听众有参与的意愿，你需要在与利益相关者接触之前就仔细思考这些问题。

乐极生悲？限制参与的案例

我们在整本书中强调要尽可能地让利益相关者参与其中。但过度参与也会产生问题：我们的团队成员最近在为一家跨国公司效力，该公司允许利益相关者的广泛参与，这大大减慢了决策速度。然而这不仅是影响决策速度的问题，利益相关者参与决策会增加成本，最终导致成本高于利益相关者参与决策的价值。如果参与决策的人只是边缘人物，那么他的参与就会产生浪费，增加机会成本。[18] 你的挑战是创造最佳参与度，安排能够增加参与价值的人在最能发挥作用的地方做出贡献。要做到这一点，可以参考以下提示：

- 明确责任。决策者需要肩负相应的责任（决策的所有权）、拥有相应的权力（决策所需的权力和资源的所有权）和拥有一定的信誉（决策过程及其结果的信用或责任的所有权）。在决策过程中，责任往往会从一个群体转移到另一个群体。当这种情况发生时，权力和信誉也随之转移。[19]
- 明确参与规则。并非决策团队中的所有人都需要具有同等的影响力。不同的人拥有不同的身份和作用，有些人可能只是提建议，有些人可能拥有投票权，而有些人可能拥有否决权。因此，为团队角色和职责创建一个准确和共享的心理模型至关重要。[20]

半矩阵半金字塔——创建可靠消息

你准备向听众传达你的建议——无论是一对一的对话还是面向更广泛的群体——直接表明沟通的目的。矩阵可以帮助你实现目标：在矩阵的某列中列出听众当前的想法（或行为），在另一列中列出你希望他们在交流中思考（或行动）的内容。（见图 8–4）[21]

	沟通前	沟通后
想法	你的听众现在在想什么？	你希望你的听众通过沟通得到什么启示？
行为	你的听众现在想做（或不想做）什么？	你希望你的听众沟通之后作何反应？

图 8-4　沟通矩阵示意图

　　遇到不同的问题和听众，你可能会从中获得不同力度的支持。有些人可能从一开始就会力挺你，你只需要制订行动计划并着手实施即可。但有些人可能会对你的提议表示质疑，此时你就需要花费更多的时间和精力去说服对方。尽管为不同的情况找到合适的切入点具有挑战性，但 FrED 模型总会基于预期阻力为你提供具体途径（见图 8-5）。

你能预计到微小阻力吗？
描述你的首选方案

你能预计到显著阻力吗？
从总结第三步开始制定标准，
然后前进至第二步

如何从纽约到伦敦？		承受能力	时间	舒适度	绿色环保	得分	排名
	权重	0.1	0.3	0.5	0.1		
	乘坐飞机	50	75	100	40	82	1
	乘坐直升机	25	50	75	25	58	3
	乘坐热气球	25	0	50	75	34	4
	乘坐火箭	0	100	0	0	27	5
	乘坐邮轮	100	25	100	0	73	2

你能预计到一般的阻力吗？首先解释你放弃了
哪些选项（以及原因），然后进入第一步

图 8-5　FrED 模型基于预期阻力提供途经示例

　　• 当你预计会有一点阻力时（如图 8-5 中①所示），你可以直接宣布选择备选方案，并解释做出这个决定的原因。

这种方法简单易行，因为关注点只有备选方案。

- 当你预计会有一些阻力时（如图 8-5 中②所示），直接选择备选方案可能会行不通。你最好先列出相关的选择及权衡过程，从最终被放弃的选项开始。然后解释你为什么会选择另一种备选方案。尽管有些人可能会继续反对，但这种方法强调了你的考虑的周全性。你的做法传达了决策程序的公平性（参见第六章），为不同的意见预留了发声空间。尽管可能仍然会有人表示反对，但反对者至少会理解和尊重你做决定的原因和方法。

- 当你预计会有显著阻力时（如图 8-5 中③所示），你就要回归初始状态。你可以从利益相关者的重大关切问题入手——也就是宝藏和决策标准。这样做还可以让听众意识到人各有志、各有所需，以及不同利益群体之间的紧张关系不容易调和等因素。

例如，你可能会指出确保短期成功与长期生存之间的紧张关系，或者是关注财务回报的股东与工会成员等内部利益相关者之间的紧张关系——后者优先考虑工作安全及保障。接下来，你可能会回顾可用的备选方案，从最终放弃的备选方案入手。仔细复盘每个备选方案的权衡过程，因为这样做将使你的思路更加清晰。最后，展示最终选择的备选方案。你不要只展示备选方案的优点，还要涵盖其不足之处，并解释为什么就总体而言，备选方案优于其他方案。毫无疑问，复盘和游说的过程仍然具有挑战性，但与直接展示备选方案相比，这样做更能突显你周全的考虑过程。

无论你选择哪种方法，你都必须要设身处地地从相关利益者的角度出发去说服对方接受你的建议。

问题拆分分析法对参与的重要性

要想向利益相关者展示你的想法时，你需要巧妙地组织语言。使用问题拆分分析法将有助于避免制造混乱，缓解紧张情绪。

假如你主张通过降低固定成本来提高公司的盈利能力，同时还建议关闭一家工厂。人们可能会质疑："关闭工厂是为了降低固定成本，还是另有原因？"造成混乱的原因是这两项提议的内容部分重叠。

此外，建议通过降低固定成本来提高公司的盈利能力，而不提及除关闭工厂以外的其他途径，可能会让你的听众怀疑你是否考虑过备选方案。换句话说，如果你没有通盘考虑，你的听众会感到焦虑，并且影响他们对你的信任度。

如果你早期就用问题拆分分析法制定了备选方案，那么听众就不太可能怀疑你是否遗漏了重要内容。人们将这种分析方法定义为"思维桶"（详见第四章）。从一开始就创建合理的"思维桶"有助于搭建框架，激发兴趣，促使听众继续与你积极互动，而不是在你陈述第一个要点之后就自顾自地玩手机。

苹果公司在 20 世纪 90 年代中期几近破产时通过重组产品组合而获得新生的案例，充分证明了问题拆分分析法能为企业提供清晰的发展方向。1997 年史蒂夫·乔布斯回到苹果公司时，公司拥有大量（或许另一个形容词更加适用，即"杂乱无章"）的产品组合，包括台式电脑、笔记本电脑、数字记事本和外围设备，比如打印机和相机。乔布斯的第一个动作便是清理产品组合，而不是开发新的创意和商业模式。正如他当时所说的那样，产品线过于复杂，公司的资金在不断流失。一个朋友问我她应该买哪个型号的苹果电脑，因为她搞不清楚各型号产品之间的区别，然而我也不能给她明确的指导。[22] 乔布斯和他的团队利用问题拆分分析法进行了分析：客户被细分为专业用户和私人用户，产品被分为台式机和笔记本，这种拆分分析提供了一个简单的四象限矩阵，定义了未来的产品组合。

四象限矩阵的简单分类为设计师、工程师和市场营销团队提供了明确的内部信息，使他们知晓了业务范围以内和业务范围之外的区分。四象限矩阵的简单分类还帮助客户和商业伙伴更好地了解了苹果公司的产品信息。

简而言之，问题拆分分析法不仅有利于问题分析，它还可以建构你与内部和外部利益相关者沟通的思路。

确定交流内容之后，你还需要确定你想要了解的内容的详细程度。你可以将信息用金字塔的方式表示（见图 8-6），这样做既不会忽略重要部分，也可以适当地将内容分级。你可以从关键信息开始，即从金字塔的顶端开始。然后，你可以根据需要逐级深入。你可以用一两句话总结关键信息，也就是你打算告诉听众的内容："我提议努力将主要竞争对手的客户转化为我们的客户以增加收入。"原因如下：

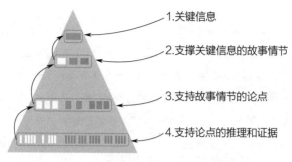

1. 关键信息
2. 支撑关键信息的故事情节
3. 支持故事情节的论点
4. 支持论点的推理和证据

图 8-6　用金字塔的方式组织信息

关键信息取决于故事情节——一系列共同支持结论的想法。每一个观点都由论点组成，每一个论点都需要推理和证据。

用金字塔组织信息，你就可以依据配给的时间和每部分所需的支撑信息规划需要呈现的内容。

从开放转变到刀枪不入

在解决问题的过程中保持开放的心态是值得称赞的，但如果你在向公司其他人展示你的建议和解释前进的方式时仍然表现出这种灵活性，那么这种灵活性可能会被误解为优柔寡断。用我们最近采访的一位高管的话来说："在向董事会汇报时，我不能表现出傲慢，我需要显得胸有成竹。"因此，有时你需要从"解决问题"模式（从别人那里收集反馈和见解以帮助你确定一个伟大的解决方案）切换到"销售"模式（你让更广泛的利益相关者相信你选择的道路，而不是陷入关于解决方案质量的详细讨论中）。

进入销售模式需要你改变参与方式。FrED 模型包括原因导图、行为导图、决策矩阵和平衡决策，将帮助你以一种能够从利益相关者那里得到建设性反馈的方式来整合思考过程。然而，向更广泛的利益相关者展示决策矩阵通常不是一个好主意，因为他们可能不熟悉主题，也提不出任何建设性的意见。原因何在？因为这样就像打开了潘多拉的盒子，你们会围绕标准、备选方案和评估展开辩论，提出异议，而你并不想让这一切发生在此过程的最后阶段。

一艘邮轮的图片就是一个合适的例子，能够帮助你理解如何明智地决定向不同的听众展示不同的用具。大型邮轮有多达 20 层的甲板，通常只有上层甲板可供乘客进入。尽管货舱、厨房和发动机所在甲板都至关重要，但它们仍然存在于乘客的视线之外。乘客们在上层甲板漫步，从游泳池到餐厅到电影院，然后回到他们的船舱，并不需要看到配套设施的运行。

同样，FrED 模型对于帮助你得出可靠的结论非常重要——模型就是货物、厨房和发动机所在甲板——但你不一定要向更广泛的利益相关者展示它们。你希望将重点放在整个故事情节上，可能需要一些关键的视觉效果和明确建议来做支撑。而且，如果遇到阻力，你需要充分了解备选方案，以便解释你做出决策的原因。但你又不想暴露你所做努力的所有具体细节。

我们之所以强调这一点，是因为项目中经常有喜欢使用 FrED 模型的框架和流程的参与者，他们希望与更广泛的听众分享这些框架和流程。然而，事与愿违的是他们的听众转移了演示的流程，把注意力集中在意想不到的地方。

关于销售模式的最后一点：你并不需要因试图说服别人而故作镇定。虽然普遍认为，人们更喜欢接受看起来确定的建议，但最新研究发现，这一假设可能需要重新审视。[23] 简而言之，不要假装肯定会有事发生，但你可以承认存在内在的不确定性："根据我们今天看到的情况，我们有七成的把握判定最佳选择是 X，但我们也承认存在内在的不确定性，因此我们将持续跟踪进展，并在必要的时候迅速改变方向。"我们将在下一章继续讨论不确定性。

本章要点

如果不想办法展示和表达解决方案，再完美的分析也是无济于事。若想将战略转化为解决方案，你必须将所有发现整合成令人信服的论点以说服利益相关者。

不要总是认为好事多磨而将最大的惊喜留到最后才公布！相反，如果时间允许，尽可能早点赢得利益相关者的支持。

诉诸逻辑会让你走得更远。然而，巧妙地诉诸情感或人格（亚里士多德说服理论的三个支柱）可能会更有效。最后，你所要传达的信息应该融合它们。

创造吸引人的故事情节并不一定是一门晦涩难懂的艺术。与 FrED 模型的其他部分一样，将需要努力的具体内容结构化可以为我们指明方向：确定你想要达到的目标（从 / 到矩阵），满足你的听众（高阻力的标准；被舍弃的中阻力备选方案；首选的微小阻力备选方案），并搭建金字塔形信息框架。

从解决问题过程中的开放态度转变为提出建议和解释努力方向时的无懈可击。

注　释

1　Bartunek, J. M.（2007）.'Academic-practitioner collaboration need not require joint or relevant research: Toward a relational scholarship of integration.' *Academy of Management Journal* 50（6）: 1323-1333. Stucki, I. and F. Sager（2018）.'Aristotelian framing: Logos, ethos, pathos and the use of evidence in policy frames.' *Policy Sciences* 51（3）: 373-385.

2　人格诉求是否有用？一些修辞学家认为，从长远来看，人格诉求具有重要的影响。［Bartunek, J. M.（2007）.'Academic-practitioner collaboration need not require joint or relevant re search: Toward a relational scholarship of integration.' *Academy of Management Journal* 50（6）: 1323-1333］.但一些研究发现，可信度的影响并不显著［Hample, D. and J. M. Hample（2014）.'Persuasion about health risks: evidence, credibility, scientific flourishes, and risk perceptions.' *Argumentation and Advocacy* 51（1）: 17-29.］。

3　详见 p. xviii of Rosenzweig, P.（2007）. *The halo effect ... and the eight other business delusions that deceive managers*, Free Press.

4　同理，情感诉求大于逻辑诉求。可悲的是，一个理性的逻辑论证输给了一个感性但有趣的论证，详见 Moore, D. A.（2021）.'Perfectly confident leadership.' *California Management Review* 63（3）: 58-69.

5　p. xi of Haidt, J.（2006）. *The happiness hypothesis: Finding modern truth in ancient wisdom*, Basic Books.

6　我赞同鲍威尔的做法。关于如何在得出结论之前先评估备选方案的示例，请参阅科林·鲍威尔（Colin Powell）在 2008 年美国总统竞选期间支持巴拉克·奥巴马（Barack Obama）的做法。视频中，终身共和党人鲍威尔并没有先说出结论。相反，他在演讲的前六分钟使用明确的标准评估了奥巴马和麦凯恩作为总统候选人的特质。通过客观评价，他得出奥巴马更有希望成为总统的候选人的结论。[Glaister, D.（2008）. 科林·鲍威尔支持巴拉克·奥巴马竞选总统。The Guardian] Video available at: https://www.youtube.com/watch?v=b2U63fXBlFo.

7　Seo, M.-G. and L. F. Barrett（2007）.‘Being emotional during decision making—good or bad? An empirical investigation.’ *Academy of Management Journal* 50（4）: 923-940. 关于情绪的有用性，请参考 Bartunek, J. M. Ibid.‘Academic-practitioner collaboration need not require joint or relevant research: Toward a relational scholarship of integration.’（6）: 1323-1333.

8　Arthur, C.（2011）. Nokia's chief executive to staff:‘we are standing on a burning platform. *The Guardian.*

9　Cialdini, R. B.（2001）.‘The science of persuasion.’ *Scientific American* 284（2）: 76-81. Cialdini, R. B. and N. J. Goldstein（2002）.‘The science and practice of persuasion.’ *Cornell Hotel and Restaurant Administration Quarterly* 43（2）: 40-50.

10　请参考 pp. 128-149 of Block, P.（2017）. *The empowered manager: Positive political skills at work.* Hoboken, New Jersey, John Wiley & Sons.

11　Lynn, M.（1991）.‘Scarcity effects on value: A quantitative review of the commodity theory literature.’ *Psychology & Marketing* 8（1）: 43-57.

12　厌恶损失，请参考 pp. 731-732 of Adler, R. S.（2005）.‘Flawed Thinking: Addressing Decision Biases in Negotiation.’ *Ohio St. J. on Disp. Resol.* 20: 683, Arceneaux, K.（2012）.‘Cognitive biases and the strength of political arguments.’ *American Journal of Political Science* 56（2）: 271-285.

13　T annenbaum, S. I., A. M. Traylor, E. J. Thomas and E. Salas（2021）.‘Managing teamwork in the face of pandemic: evidence-based tips.’ *BMJ Quality & Safety* 30（1）: 59-63.

14　为深入了解心理安全感的概念，详见 Edmondson, A.（2019）. *The fearless organization*, Wiley.

15　想要更深入地了解成长心态的概念，详见 Carol, D.（2007）. *Mindset*, Ballantine Books. 关于采用成长型思维的支撑证据，请参考 Yeager, D. S., P. Hanselman, G. M. Walton, J. S. Murray, R. Crosnoe, C. Muller, E. Tipton, B. Schneider, C. S. Hulleman, C. P. Hinojosa, D. Paunesku, C. Romero, K. Flint, A. Roberts, R. Iachan, J. Buontempo, S. Man Yang, C. M. Carvalho, P. R. Hahn, M. Gopalan, P. Mhatre, R. Ferguson, A. L. Duckworth and C. S. Dweck（2019）. 'A national experiment reveals where a growth mindset improves achievement.' *Nature* 573（7774）: 364-369.

16　Bransford, J. D. and M. K. Johnson（1972）. 'Contextual prerequisites for understanding: Some investigations of comprehension and recall.' *Journal of Verbal Learning and Verbal Behavior* 11（6）: 717-726.

17　详见 pp. 63-97 of Heath, C. and D. Heath（2007）. *Made to stick: Why some ideas survive and others die*. New York, Random House.

18　De Smet, A., G. Jost and L. Weiss（2019）. 'Three keys to faster, better decisions.' *The McKinsey Quarterly*.

19　详见 pp. 11-12 of French, S., J. Maule and N. Papamichail（2009）. *Decision behaviour, analysis and support*, Cambridge University Press.

20　De Smet, A., G. Jost and L. Weiss（2019）. 'Three keys to faster, better decisions.' *The McKinsey Quarterly*. 还可参考 Rogers, P. and M. Blenko（2006）. 'Who has the D.' *Harvard Business Review* 84（1）: 52-61.

21　我们借鉴了安德鲁·阿贝拉（Andrew Abela）的"来/去矩阵"，他称之为"来—去/想—做"矩阵，详见 pp. 29-34 of Abela, A.（2008）. *Advanced presentations by design: Creating communication that drives action*, John Wiley & Sons.

22　史蒂夫·乔布斯（Steve Jobs）引述于 p. 13 of Rumelt, R. P.（2011）, *Good strategy/bad strategy: The difference and why it matters*.

23　Gaertig, C. and J. P. Simmons（2018）. 'Do people inherently dislike uncertain advice?' *Psychological Science* 29（4）: 504-520.

第九章 III
前　进

在搭建框架、探索细节和做出决策之后，我们现在已然能够制定战略了。我们一定可以制定战略吗？在不确定的情况下很难成功达成目标。第九章展示了如何利用概率思维来更好地把握不确定性。此外，第九章还展示了如何通过磨炼技能和关注过程而不是结果来进一步提高解决问题的能力。本章最后展示了 FrED 模型如何帮助你在短短的几分钟内做出重大决策（见图 9-1）。

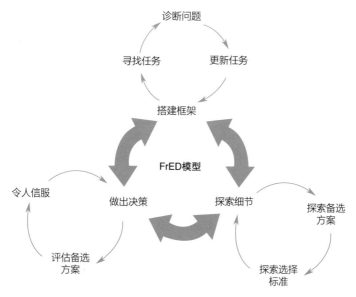

图 9-1　完整的 FrED 模型示意图

首先让我们来学习把握不确定性。尽管我们竭尽全力,但是我们的结论仍然可能局部依赖于假设。不仅如此,在解决问题的过程中,环境也会发生变化。因为不是我们完成了分析后,环境就会停止进化,或者新的证据不再出现。

那么,我们应该如何应对不断变化的环境呢?当我们应该改变时,如果我们继续执行被称为"计划继续偏差"(plan continuation bias,PCB)或"计划延拓误差"(plan continuation error,PCE)的策略,就会普遍形成一种偏见,这也是托利卡尼翁(Torrey Canyon)号油轮石油泄漏和大量隐性事故产生的根本原因。

偏离航线的托利卡尼翁号超级油轮

1967 年 3 月 18 日,星期六的清晨,超级油轮托利卡尼翁号的大副在意识到该船不在预定位置后,纠正了该船的航向。这艘 300 米长的船载着 120000 吨原油,向北经过英格兰西南部海岸附近的锡利群岛(Scilly Isles)。

当睡眠不足的鲁吉亚蒂(Rugiati)船长醒来后,他取消了大副改变航向的指令。[1] 因为鲁吉亚蒂船长计划在涨潮前到达目的地,时间紧迫。然而,大副发出的改变航向的新指令要花费两个小时绕岛而行,这最终会导致邮轮五天后才能遇到新的口岸。所以鲁吉亚蒂船长坚持了他原来的计划,穿越锡利群岛,而不是环绕群岛。最终,这一决定对环境造成了巨大的影响,该船的搁浅,造成了当时世界上最严重的原油泄漏事故,污染了英国和法国海岸 300 公里的范围。

除了时间压力，托利卡尼翁号还遭遇了其他问题，包括不理想的导航系统和糟糕的设备设计。然而，事故的一个主要原因似乎是鲁吉亚蒂船长没有及时根据新的变化做出调整。他过于固执己见，当他最终决定更新计划时，为时已晚。[2]

过度自信是计划延拓误差产生的主要原因之一。例如，一项涉及法国军用飞机的事故研究发现，在大多数（54%）情况下，机组人员坚持原计划不是因为他们无法及时处理信息，而是因为他们过于相信自己的风险管控能力。更重要的是，我们自己无法摆脱这些状况：80%的改善源于外部干预。[3]

航空界将错误视为深层次问题的症状，[4]并采取系统的、基于证据的措施来减少错误的产生。由此，我们可能会受到启发，并从中学习经验。例如，设定飞行员个人飞行的最低气象条件，以确定何时应终止着陆程序，这便是一种有意义的措施。[5]那么，在组织战略决策中，有什么类似的缓解方法？也许采用双支柱法可能会有所帮助：

- 预先确定一个规则以继续推进当前的策略：例如，你可能会问自己：怎样改变我的想法？（比如，我们选择的策略截至目前仍然是最好的行动方案？）在推出策略后的几天、几周或几个月内，我们预计会看到哪些成功（或不利于成功）的早期指标？你尤其要清楚那些会导致你降低对结论的信心，甚至改变如何推进想法的数据。这是我们不想看到但又必须正视的数据。

- **当情况发生变化时，请遵守预先制定的规则**：尽管遵守在压力产生之前为自己制定的规则这条要求可能听起来微不足道，但经验证据表明，在情绪激动的时候，我们往往会把谨慎抛之脑后。例如，对飞行员的一些分析表明，几乎每位飞行员（96.4% 的测试对象）都违反过飞行前为自己制定的规则，而选择采取更危险的行动方案。[6] 我们会尽量帮助你成为剩余的 3.6% 中的一员。你可以寻求承诺工具的帮助，例如尤利西斯契约（参见第一章）。

采用概率思维

怀疑不是一种令人愉快的状况，但深信不疑一定是荒谬的。[7]

——伏尔泰［Voltaire，1767 年 4 月 6 日致普鲁士腓特烈二世（Frederick II de Prusse）的一封信］

在经历了一个 FrED 模型循环之后，你可以用 0（完全没有信心）到 100（完全肯定）赋分以评估你所选择的策略。

◎ 量化信心（或缺失信心）

引用哲学家和数学家伯特兰·罗素的话来解释，"一切都是模糊的，但直到你试图使其精确时你才能意识到模糊"。这一发现对概率的评估尤为重要。事实上，人们常以不同的方式解释概率（例如，非常可能、不太可能、大致均等），有时甚至用截然不同的方式。你不妨用赋值的方式（见图 9-2）来评估置信度（比如用 0 到 100% 的数字来赋值）。[8]

几乎没有机会	极不可能	不太可能	大致均等	有可能	很有可能	一定、肯定
1%~5%	5%~20%	20%~45%	45%~55%	55%~80%	80%~95%	95%~99%

图 9-2　用赋值的方式评估置信度

针对这种赋值的方法，一些批评者指出，数字估计对大多数人来说不是特别直观。然而，达特茅斯大学的政府学教授杰夫·弗里德曼（Jeff Friedman）给出了不同看法："大多数人的年龄在 0 岁到 100 岁之间。当你见到一个陌生人时，你能够凭经验缩小那个人的年龄范围。也许，在其他条件相同的情况下，你认为那个人处于 30 岁到 50 岁之间。如果没有其他信息，你可以取中点，即 40 岁。也许 40 岁看上去有点小，你可以把估值增加到 42 岁。我相信很少有人会觉得这种逻辑是复杂的或不寻常的。"

所有概率的赋值都在 0 和 100% 之间。当估计一个陈述为真的概率时，你可以缩小这个概率的合理范围。同等条件下，你会认为概率集中在30%到50%之间。如果你没有其他信息，则取中点，即40%。如果中点40%看起来有点低，那么你可以把估值提高到42%。从逻辑的角度来看，估计概率与估计陌生人的年龄基本相同。

我们为什么会下意识地认为估计概率是件奇怪的事呢？答案是我们没有太多机会来校准对不确定性的判断。

在你的一生中，你会得到很多关于42岁的人长相的反馈。如果我让你回想一个42岁的人，你应该会想象出一个具体的形象。然而，不确定性是抽象的，很少有人花时间和精力来校准他们对不确定性的评估。因此，不足为奇的是，人们发现很难判定42%的机会是什么样的。但这并不是认为概率推理是无效的或不恰当的理由：这只是一个花费更多时间和精力找出如何以严谨的方式进行推理的理由。[9]

◎ 谨防过度自信

当我们要求高管们对他们刚刚得出的分析结论进行信心评级时，许多人表示他们非常自信（自信度通常为80%或更高）。

但是值得注意的是，你对分析结论的信心取决于你对任务、备选方案、标准和评估的信心——这些都是相辅相成的，所以你分析中的任何弱点都会迁移至结论中（见图9-3）！

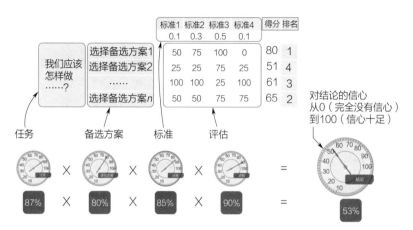

图 9-3　对分析结论的信心取决于对任务、备选方案、标准和评估的信心

当我们要求高管评估他们对其分析的四个组成部分的信心时，我们强调得出的乘积要比最初的估计低得多，他们这才意识到自己可能会受到过度自信的影响。

后退一步来讲，作为问题解决者，你的目标应该是对结果所达到的水平（确保达到）充满信心。为此，你首先可以设置一个适用于当前问题的置信水平，然后连续通过 FrED 模型进行循环迭代，每次迭代都解决分析中的最薄弱点。这意味着你将更改（某些）在先前迭代中得出的结论。但偏见会尽力让你坚持之前的想法。诺贝尔物理学家理查德·费曼（Richard Feynman）建议加利福尼亚理工学院致力于成为优秀科学家的1974 届毕业生："首要原则是，你不能自欺欺人——因为你就是那个最容易被欺骗的人。"[10] 适用于科学家的内容肯定也适用于问题解决者，所以你必须积极掌握去偏见技术（下面有更多内容）。简言之，你要根据新的证据改变自己的想法，并以此为荣。事实上，如果你没有通过 FrED 模型迭代彻底改变想法，那么你的分析中必定存在致命的弱点。

◎ 处理不确定性

使用这种方法的目标是不断减少错误，这也意味着你需要处理不确定性。显然，作为一名管理者，你总是面临不确定性。而你的工作不是根除不确定性，而是妥善处理不确定性。[11] 你应该承担可控的风险，得出更适宜的结论（通过另一次 FrED 模型迭代），并实施迄今为止你所制定的最满意的策略（见图 9-4）。

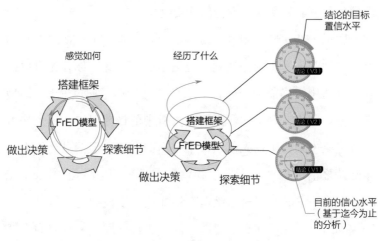

图 9-4　通过 FrED 模型迭代处理不确定性

值得注意的是，处理不确定性并不一定意味着减少它的存在。但是，同等条件下，不确定性当然越少越好。在不具备同等条件的前提下，首先你要减少在不确定性上的多余分析，以免浪费。此外，进行更多的分析会产生机会成本，如果得出结果的时间太迟，那么不确定性可能会在机会之窗关闭之后才出现（参照前言中波音公司的困境）。

因此，你的目标不应该是找到了"正确"答案，而应该是有理由相信你找到了一个绝妙的、优秀的、足够好的答案。[12]当你意识到能够快速执行的一般方案通常比缓慢执行的优质方案要好，那么对于某些策略，抱有 60% 的信心，而不是 90%的信心会得到更多的收获。[13]

采用概率思维预估可能性需要接受失败。如果你对结果没有百分之百的信心——就像你应该做的那样——那么你有时候就会犯错。把你的决定想象成一个投资组合，有的选择比较英明，有的选择普普通通，有的选择差强人意。无论结果如何，作为整体，你的投资组合都会有理想的收益。

一个必然的结果就是你会从失败中汲取教训。的确，失败是痛苦的，但失败能为学习提供沃土，甚至比成功本身更有意义。[14]失败使人进步。没有人第一次坐在钢琴前就能完美地演奏舒伯特的《鳟鱼》。以此类推，失败并不是成功的对立面，而是成功不可或缺的一部分。需要引起你重视的是保持失败的代价在可控范围内并承担适当的风险。[15]你可以通过两种方式实现这一目标：降低失败发生的概率和减轻失败造成的影响。

◎ 降低失败发生的概率

如果你过于自信，就会毫不迟疑地去冒险，失败的可能性就会变大。同样，如果你过于自信，可能会花太多时间在制定策略上，而忽略了执行，这也会导致失败。因此，降低失败发生的概率需要你根据自己的能力来校准自信水平（见图 9-5）。[16]

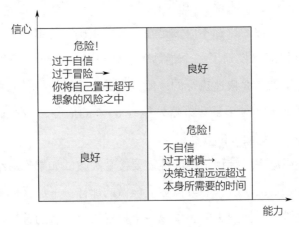

图 9-5　根据自己的能力校准自信水平

减少过度自信的方法之一是不要相信直觉，并且质疑直觉，不断地证明直觉是错误的。想要做到这一点，你需要扪心自问"有什么证据可以改变我的想法"，然后寻找相关的证据。最后，你偏向的答案不应该是得到最多支持证据的答案，而应该是最能抵御强烈批判性思维攻击的答案。

心理学家亚当·格兰特（Adam Grant）所说的"挑战网络"可以帮助你实现这一目标，即让一群你信任的人来指出你的盲点所在。[17]

◎ 减轻失败造成的影响

无论我们如何努力阻止失败，失败还是会发生。所以，我们不能只是避免失败的发生，我们还要善于纠正它们。事实上，人们越来越意识到错误预防必须辅以错误管理，即在错误发生后妥善处理错误的方法。[18]

尝试创建汇报制度

汇报（或"复盘"）被广泛应用于医学界、航空业、美国陆军和其他行业，即通过系统化的反思、讨论和目标设定来促进体验式学习。研究表明，汇报可以显著提高个人和团队的效率。[19] 因此，建立有效的汇报机制具有可行性。

在 2013 年的一项 Meta 分析中，心理学家坦南鲍姆（Tannenbaum）和塞拉索利（Cerasoli）发现将参与者、意图和测量相结合会产生最大的效果，即使是"错位"的汇报也能显示出合理的效果。[20]

汇报是表扬团队合作的成果并指出改进时机的绝佳机会。当汇报（通报）一件负面事件时，你要遵循对事不对人的原则，即强调出了什么问题，而不是谁出了错，以及给出团队将来再次遭遇类似事件之后的应对方法。[21]

手边有一个文档版的 FrED 模型流程将帮助你避开易出错的地方。你只需查看矩阵，就可以知晓是否专注于糟糕的任务、错过了有价值的备选方案、遗漏了相关标准、对备选方案的评估不佳或误读了权衡取舍。简而言之，有据可查的 FrED 模型流程可以细化"复盘"。相反，如果你需要回顾的只是一个想法的描述及推荐原因，那么通常无法追溯到决策过程以了解事情的发展方向。

FrED 模型推动的深入理解可以帮助你确定次优结果是源于错误还是运气不佳。基于这一见解，你可以改进系统和流程以减少错误，比如更多地投资于探索备选方案、精细考量决策标准或者更仔细地权衡取舍。

更新想法

到目前为止，对于解决问题的努力，我们所能展示的只是一个我们自认为比较合理的解决方案的假设（即我们的策略）。我们应该检验这个假设，随着新证据不断浮出水面，我们要与时俱进。与贯穿本书的科学思维相一致，我们的策略是不断更新假设。如果你想知道这样做是否值得，曾有研究表明，接受过像科学家一样思维训练的企业家会有更杰出的表现。因此，答案是肯定的。[22]

◎ 采用贝叶斯（Bayesian）思维

在概率论中，贝叶斯思维是指根据新的证据来更新思路。在前文中，我们可能因为"概率"放弃了一半的见解。亲爱的读者，如果你还在阅读，不要害怕，因为此处不会出现公式。好消息是，只要使用贝叶斯的思维方式，你就可以从中获益。

应用认识论学家蒂姆·范·盖尔德（Tim van Gelder）提出了一个令人信服的案例，将我们解决问题的方法从布尔（Boolean）的世界观（在布尔的世界观中，一切都是确定的：非真即假，非黑即白）转换到贝叶斯概率［从 0（不可能）到 100（确定），每件事或多或少都是可能发生的］。[23]

在整个 FrED 模型流程中，贝叶斯思维都具有指导意义。例如，我们从一个问题开始，认为这是一次伟大的探索。经过探究我们得到了新的证据，导致我们重新构建任务。同理，我们只想到了一个方案，却开发了一张行为导图，同时找到了新的证据，开辟了更广阔的解决空间。更新信息还使我们确定了更好的标准，改进了评估内容。

事实上，即使在我们得出结论之后，我们也应该继续不断地更新思维：我们在实施策略时可能会得到新的证据，这就表明我们预测会发生的事情和实际发生的事情之间产生了出入。这会促使你重新审视如何继续：也许你会改变策略，也许你不会。如果你坚持当前的做法，那将是下意识决定的结果，而不是惯性思维。

◎ 改进预测方法

如果你能够未卜先知，那么你就会不断地做出明智的决定。作为决策者，你必须做出预测。正如丹麦谚语所说："做预测难，预测未来更难。"

理想情况下，你具有良好的校准能力，能够对一个不熟悉的主题做出良好的初步猜测，并根据新的证据适当地更新思路。如果你只能拥有其中一种特质，希望最好是后者。识别错误并正确地纠正错误是弥足珍贵的能力（见图 9-6）。

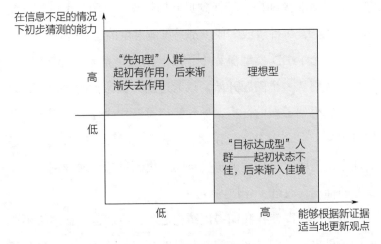

图 9-6　良好的校准能力

最初的猜测被称为前提条件，会将任务一分为二。如果证据确凿，我们就需要大量的反例来改变想法。这种情况可能发生在我们当中最优秀的人身上：比如爱因斯坦，当他假定宇宙是静态的，他就需要在广义相对论中添加一个参数——宇宙常数。[24] 相反，前提条件不足则意味着我们需要收集大量的支持证据。但由于证据不易获取，这就会阻碍我们前进的进度，就像阻碍各种科学进步一般。[25]

对于我们当中的许多人来说，当观察到与我们的预期不同的证据时，我们会质疑证据、忽视证据、重复原样、混淆视听或分散注意力（亲爱的读者，我指的当然不是你，可以想想政治家或其他人）。温斯顿·丘吉尔（Winston Churchill）常引用的一句话是："人们偶尔会被真相绊倒，但大多数人都会振作起来，像什么都没发生似的匆匆离去。"

相反，我们应该整合新信息来更新固有思维。但是，正如我们所讨论的，更新固有的思维并不意味着推迟实施直到我们有十足的把握。我们面临的挑战是在为不确定的未来做准备和把事情做好之间取得平衡。通过将策略视为一种假设，并根据新的证据不断进行更新，策略和实施之间的差距就缩小了。因为我们认为这些组成部分是相互依存的活动，将受益于更广泛的整合（见图 9-7）。[26]

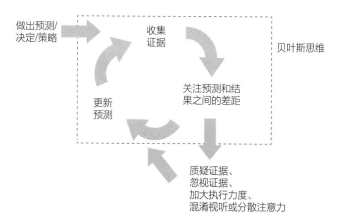

图 9-7　采用贝叶斯思维更新思路

采用贝叶斯思维具有诸多实际意义。最重要的是：如果你对决策的某些组成部分（任务、备选方案、标准或评估）信心不足，请在实施过程中制订应急计划，以便你得以在执行过程中迅速纠正错误。

◎ 通过双向决策提前加载实施工作

对决策进行分类的一种方法是将它们区分为单向门决策和双向门决策。一旦做出单向门决策，你就很难或不可能再进行修改。一旦你穿过那扇门，它就会在你身后关上并且没有把手让你再进去。比如，你卖掉公司，辞掉工作，从牙膏管里挤出牙膏，或者从飞机上跳下来（当然是带着降落伞）。一旦你跳下飞机，再想回到飞机上就不是一件容易的事了。

不可逆转的决定？

1929 年，印第安纳贝尔电话公司买下了一栋八层的大楼，他们打算拆掉它，在原地建一个更大的总部。但建筑师库尔特·冯内古特（Kurt Vonnegut Sr）——小说家冯内古特的父亲——提出了另一种方法：将大楼整体移走，为扩建腾出空间。

一个月过去了，在混凝土垫、液压千斤顶和压路机的共同作用下，这座重达 11000 吨的建筑物向南移动了 16 米并旋转了 90 度。即使是那些看起来最终不可逆转的决定——选择建筑物的位置——最终也不是那么明确：只要付出一些努力，任何决定都可以改变。[27]

不过，我们的大多数决定都属于双向门决策。只要稍加努力，我们就可以改变或逆转决定。[28]如果你通过预先加载双向门决策来构建实施工作，那么当不确定性最大时，计划的灵活性也会大大提高。此时，你需要快速做出调整。

同样有用的方法是将看似单向的决定变成双向的决定。想想理查德·布兰森（Richard Branson）创办维珍航空的方式："当我们创办维珍大西洋航空公司时，我与波音公司达成了一项协议，如果该航空公司无法启动，我们会在一年后将飞机归还。"幸运的是，我们不需要这样做。不过，如果事情悬而未决，我可能会重新走进那扇门。布兰森还通过租赁二手波音747 而不是购买新飞机来降低风险。[29]

修炼技能

就像提高任何高阶技能一样，提高解决复杂问题的能力需要有意识地投资，同时利用及时、建设性的反馈。

◎ 训练

研究表明，训练可以有效地提高解决问题的技能，并最终提升团队表现，[30]因此你需要有意识地为提高技能进行投资。即使你没有能力为组织制订一个完整的计划，但你仍然可以取得进展。例如，你想测试自己是否过度自信。[31]ClearerThinking.org

能够提供一些工具来帮助你进行自我评估。[32] 基于工具的帮助，你可以做出纠正，比如改变你对直觉的依赖程度。

有效反馈可以促进学习的作用已得到广泛认可。[33] 因此，你可能希望在低风险环境中用 FrED 模型进行实验，以类比生成反馈。正如飞行员和外科医生会选择在犯错不会造成后果的环境中使用模拟器提高技能一样，用模拟器实验低风险项目。因此，当压力增加时，你也可以用之前积累的经验来制定注意事项的清单。[34]

◎ 培养解决问题的习惯

如果你能把这本书中的工具转化为思考习惯，那么你就领会了这本书的真谛。只要你用 FrED 模型解决几个问题，核心思想就会成为你的第二天性，你就不用在遇到问题时拿出书去查阅各个章节。

回想你学会骑自行车的经历。对我们大多数人来说，学骑自行车需要耐心和坚持，以及偶尔承受膝盖受伤之痛。使用 FrED 模型同样需要坚持。如果你想要更好地解决问题，那么你首先要意识到解决复杂问题的方法与你以往解决问题的方法不同。这并不意味着你知道如何遵循这些方法，就像拥有一辆自行车并不意味着你知道如何骑它。一旦你拥有了这种意识，作为反馈，你就会有意识地使用这个工具，直到你牢牢地掌握它们。就像你练习骑自行车一段时间后，骑自行车就会内化为能力。在某种程度上，骑自行车的能力会成为你的第二天性（见图 9-8）。

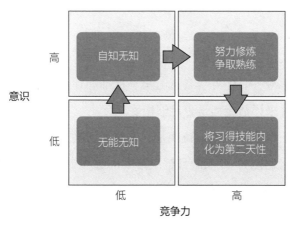

图 9-8　培养解决问题的习惯示意图

但是要注意，如果你在新习惯真正扎根之前就停止巩固和强化，那么你很可能会回到过去的做事方式。这种情况通常发生在部分学生身上，他们非常喜欢在课堂上使用 FrED 模型，但一旦回到家，他们就会恢复到原来使用直觉的方式。

关注过程，而非结果

我们解决问题的努力是否得偿所愿不仅仅取决于我们投入了什么，其中也不乏运气的作用。这就是为什么根据结果来判断解决问题的方法是不可取的。[35] 毕竟，即使是一个坏了的时钟，每天也会有两次准点的时候。即使过程比较差强人意，但也不至于一无是处。因此，即使过程中有种种缺憾，机会终将不期而至。

其实可以使用 FrED 模型来关注流程。通过观察结论的四个组成部分——任务、备选方案、标准和评估——你可以根据限制条件来评估流程是否足够稳妥。

另一个必备的关键技能是开发制订解决方案的多种相悖的心理模型的能力。[36] 在制订解决方案的过程中保持开放的心态，你就能够在得出结论之前，不断发展这些模型——披沙拣金。作家 F. 斯科特·菲茨杰拉德（F.Scott Fitzgerald）指出了这项技能的重要性。他写道："一流的智力测试的检验标准是，是否具有同时在脑海中保存两个对立的想法，并保持其独立运转的能力。"[37]

尽管坚持一个深思熟虑的过程对时间管理和心理空间都至关重要，但要注意不要使这个过程过于复杂化。有时我们发现高管们在思考的过程中投入了过多的精力，最终因为时间不足而未能制定出解决方案。

如何在五分钟内解决复杂问题

如果你有几周或几个月的时间来解决问题，那么 FrED 模型将会是一个很好的指导工具。但通常情况下，你需要经常参加不同的会议，而且你必须当场做出颇具风险的决定。如果你只有几分钟的时间来思考一个复杂的问题，你应该怎样应对？

此时 FrED 模型依然能派上用场，因为你可以用它来检验思想的有效性。但碍于时间限制，你无法深入每一个步骤。不过你仍然可以通过问自己以下问题来高效地完成所有步骤：

- 我们关注的任务是否值得尝试？（搭建框架）
- 我们是否考虑了足够多的备选方案？（探索细节）
- 我们是否使用了一套适宜的评估标准？（探索细节）
- 我们是否做出了合理的评估？（做出决策）

当你发觉自己正处于一场关于最佳前进道路的激烈辩论中时，这些问题也会派上用场。上述问题将有助于你理解对话者的目标、对备选方案的看法，以及愿意做出的取舍，而不是你自己固执己见（到目前为止，我未能说服对话者，难道我要冲他们大声喊叫吗）——这三个关键的见解是在进入最佳前进道路的辩论前必须了然于胸的（见图 9-9）。

当然，如果一切均以失败告终，那么反对者就会甚嚣尘上。

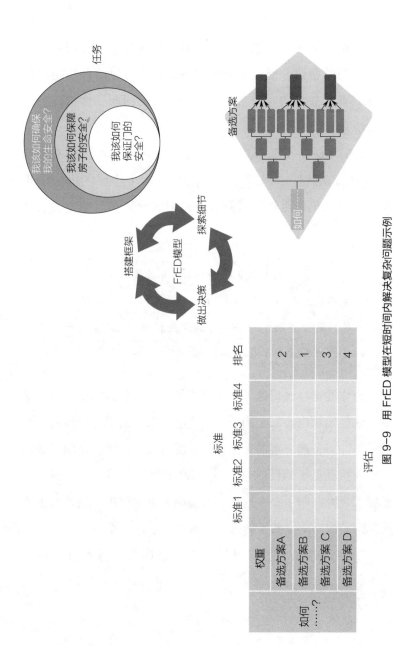

图 9-9　用 FrED 模型在短时间内解决复杂问题示例

本章要点

分析的质量取决于任务、备选方案、标准和评估的质量。这些都不是补偿性的，所以你需要为每个节点设置下限。

根据分析质量来校准自信心，不要仅仅因为你进行了分析就过于自信。

与其盲目地相信直觉，不如用工具进行测试。以证据为基础，着重寻找相反的证据。

你的很多想法可能是错误的。但我们对事不对人，你只要了解自己该做什么即可。简而言之，心胸开阔，海纳百川。鉴于具体限制，请尝试在不断学习（错误更少）和有序前进之间找到平衡点。

使用 FrED 模型进行迭代，将每个周期的重点集中在分析最薄弱点上，并采用贝叶斯思维：根据新的证据更新思路。如果证据确凿，毫不犹豫地改变主意!

即使没有时间充分使用测试工具，遵循 FrED 模型，将其视为路线图，也可以帮助你以更有条理的方式进行思考。

注　释

1　有人知道浓缩咖啡吗？虽然睡眠不足会损伤决策能力，但咖啡因似乎可以缓解睡眠不足的负面影响。请参考 Killgore, W. D., G. H. Kamimori and T. J. Balkin（2011）.'Caffeine protects against increased risk-taking propensity during severe sleep deprivation.' *Journal of Sleep Research* 20（3）: 395-403.

2　睡觉不仅包括美容觉。在托利卡尼翁号的事故中，鲁吉亚蒂船长出现了睡眠不足的现象，这可能是导致他不愿改变想法的原因。实验表明，睡眠不足会导致非理性的冒险行为。详见 Barnes, C. M. and N. F. Watson（2019）.'Why healthy sleep is good for business.' *Sleep Medicine Reviews* 47: 112-118. Chauvin, C.（2011）.'Human factors and maritime safety.' *The Journal of Navigation* 64（4）: 625. Harford, T.（2019）. Brexit lessons from the wreck of the Torrey Canyon. *Financial Times*. Rothblum, A. M.（2000）. *Human error and marine safety*. National Safety Council Congress and Expo, Orlando, FL.

3　Bourgeon, L., C. Valot, A. Vacher and C. Navarro（2011）. *Study of perseveration behaviors in military aeronautical accidents and incidents: Analysis of plan continuation errors*. Proceedings of the Human Factors and Ergonomics Society annual meeting, SAGE Publications Sage CA: Los Angeles, CA.

4　p. 764 of Miranda, A. T.（2018）.'Understanding human error in naval aviation mishaps.' *Human Factors* 60（6）: 763-777.

5　Winter, S. R., S. Rice, J. Capps, J. Trombley, M. N. Milner, E. C. Anania, N. W. Walters and B. S. Baugh（2020）.'An analysis of a pilot's adherence to their personal weather minimums.' *Safety Science* 123: 104576.

6　Winter, S. R., S. Rice, J. Capps, J. Trombley, M. N. Milner, E. C. Anania, N.

W. Walters and B. S. Baugh（2020）. 'An analysis of a pilot's adherence to their personal weather minimums.' *Safety Science* 123: 104576.

7　不确定性是一种令人不安的立场，但确定性是一个荒谬的立场。

8　Office of the Director of National Intelligence（2015）. Analytic standards. Intelligence community directive 203. Dhami, M. K. and D. R. Mandel（2021）. 'Words or numbers? Communicating probability in intelligence analysis.' *American Psychologist* 76（3）: 549. Beyth-Marom, R.（1982）. 'How probable is probable? A numerical translation of verbal probability expressions.' *Journal of Forecasting* 1（3）: 257-269. Wintle, B. C., H. Fraser, B. C. Wills, A. E. Nicholson and F. Fidler（2019）. 'Verbal probabilities: Very likely to be somewhat more confusing than numbers.' *PloS One* 14（4）: e0213522. 还可参考 pp. 25-26 of National Research Council（2006）. *Completing the forecast: Characterizing and communicating uncertainty for better decisions using weather and climate forecasts*, National Academies Press, Office of the Director of National Intelligence（2015）. Analytic standards. Intelligence community directive 203. 更多内容详见 pp. 84-85 of National Research Council（2011）. *Intelligence analysis: Behavioral and social scientific foundations*. Washington, DC, National Academies Press.

9　Friedman, J.（2020）. 'Analytic rigour is improved by probabilistic thinking and communication.'

10　Feynman, R. P.（1974）. 'Cargo Cult Science.' *Engineering and Science* 37（7）: 10-13.

11　这是你身为经理的另一份职责。我们认为，作为管理者，你的工作不是消除不确定性，而是控制不确定性。管理学学者罗杰·马丁的表述略有不同："管理者的目标不是消除风险，而是增加成功的概率。"（Martin 2014）

12　这涉及必要决策模型的概念：当模型能够提供足够的指导来决定行动方案时，模型的价值就会得到认可。Phillips, L. D.（1984）. 'A theory of requisite decision models.' *Acta Psychologica* 56（1-3）: 29-48. 还可

参考 pp. 55-56 of Goodwin, P. and G. Wright（2014）. *Decision analysis for management judgment*, John Wiley & Sons.

13 避免企业陷入决策瓶颈的实用方法，详见 Rogers, P. and M. Blenko（2006）. 'Who has the D.' *Harvard Business Review* 84（1）: 52-61.

14 失败是成功不可或缺的一部分。关于如何积极看待失败的讨论，请参考 pp. 160-164 of Milkman, K.（2021）. *How to change: The science of getting from where you are to where you want to be.* London, Vermilion.

15 关于企业如何重新平衡其风险投资组合的实用建议，请参考 Lovallo, D., T. Koller, R. Uhlaner and D. Kahneman（2020）. 'Your company is too risk averse: Here's why and what to do about it.' *Harvard Business Review* 98（2）: 104-111.

16 更多关于置信度校准的信息，请参考 Moore, D. A.（2021）. 'Perfectly confident leadership.' *California Management Review* 63（3）: 58-69.

17 请参考 Chapter 4 of Grant, A.（2021）. *Think again: The power of knowing what you don't know.* New York, Viking.

18 Frese, M. and N. Keith（2015）. 'Action errors, error management, and learning in organizations.' *Annual Review of Psychology* 66: 661-687.

19 Tannenbaum, S. I. and C. P. Cerasoli（2013）. 'Do team and individual debriefs enhance performance? A meta-analysis.' *Human Factors: The Journal of the Human Factors and Ergonomics Society* 55（1）: 231-245.

20 同上。

21 请参考 p. 65 of Tullo, F. J.（2010）. Teamwork and organizational factors. *Crew resource management*, Second edition. Barbara Kanki, Robert Helmreich and J. Anca. London, Elsevier: 59-78.

22 Camuffo, A., A. Cordova, A. Gambardella and C. Spina（2020）. 'A scientific approach to entrepreneurial decision making: Evidence from a randomized control trial.' *Management Science* 66（2）: 564-586.

23 van Gelder, T.（2014）. Do you hold a Bayesian or a Boolean worldview? *The Age*. Melbourne.

24 Nussbaumer, H.（2014）. 'Einstein's conversion from his static to an

expanding universe.' *The European Physical Journal H* 39（1）: 37-62.

25　Bang, D. and C. D. Frith（2017）. 'Making better decisions in groups.' *Royal Society Open Science* 4（8）: 170193.

26　Edmondson, A. and P. Verdin（2017）. 'Your strategy should be a hypothesis you constantly adjust.' *Harvard Business Review.*

27　Aldrich, S.（2010）. Kurt Vonnegut's Indianapolis. *National Geographic.*

28　Gregersen, H.（2021）. 'When a leader like Bezos steps down, can innovation keep up?' *Sloan Management Review.*

29　The Telegraph（2018）. Sir Richard Branson: The business of risk. From https://www.youtube.com/watch?v=-49524mB49520gY.

30　McEwan, D., G. R. Ruissen, M. A. Eys, B. D. Zumbo and M. R. Beauchamp（2017）. 'The effectiveness of teamwork training on teamwork behaviors and team performance: A systematic review and meta-analysis of controlled interventions.' *PloS One* 12（1）: e0169604.

31　没有竞争力且没有意识到。人们容易高估自己在社会和智力领域的能力。请参考 Kruger, J. and D. Dunning（1999）. 'Unskilled and unaware of it: How difficulties in recognizing one's own incompetence lead to inflated self-assessments.' *Journal of Personality and Social Psychology* 77（6）: 1121.

32　Clearer Thinking.（2021）. 'Make better decisions.' Retrieved 30 July, 2021, from https://www.clearerthinking.org.

33　请参考 pp. 52-53 of National Research Council（2011）. *Intelligence analysis for tomorrow: Advances from the behavioral and social sciences.* Washington, DC, National Academies Press.

34　关于清单用途的示例，请参考 Gawande, A.（2007）. *The checklist.* 进一步研究结果详见 Gawande, A.（2009）. *The checklist manifesto.* New York, Picador.

35　不要将结果作为判断依据。根据结果而不是过程来评估一个决定被称为结果偏见或"结果导向"。请参考 Baron, J. and J. C. Hershey（1988）. 'Outcome bias in decision evaluation.' *Journal of Personality and Social Psychology* 54（4）: 569，也可参考 pp. 1-24 of Duke, A.（2020）. *How to decide: Simple tools for making better choices*, Penguin.

36 关于心智模型用途的详细实际操作方法，请参考 Martin, R. L.（2009）. *The opposable mind: How successful leaders win through integrative thinking*, Harvard Business Press.

37 Fitzgerald, F. S.（1936）. The crack-up. *Esquire*.

深入阅读建议

《算法之美》[*Algorithms to Live By*，布莱恩·克里斯汀（Brian Christian）和汤姆·格里菲思（Tom Griffiths），2016]展示了如何应用计算机科学的一些指导原则帮助人们做出专业的和个人的决策。

《重新思考》[*Think Again*，亚当·格兰特（Adam Grant），2021]从社会科学出发，提供了帮助人们在处理不确定性时保持开放心态的实用想法。

《决断力：如何在生活与工作中做出更好的选择》[*Decisive*，奇普·希思（Chip Heath）、丹·希思（Dan Heath），2013]将社会科学的进步总结为一个有见地的框架，帮助人们在做艰难决策时避开心理陷阱。

《轻推自己一下》[*Give yourself a nudge*，拉尔夫·L.基尼（Ralph. L. Keeney），2020]提供了基于标准改进决策的具体方法。

《自信是所有问题的答案》[*Perfectly confident*，唐·A.摩尔（Don A. Moore），2020]提供了检验假设和概率思维的实用想法。

《成长的边界：超专业化时代为什么通才能成功》[*Range*，大卫·爱泼斯坦（David Epstein），2020]提供了检验假设和概率思维的实用想法。

《超预测：预见未来的艺术和科学》[*Superforecasting: The Art and Science of Prediction*，菲利普·埃里克森·泰洛克（Philip Eyrikson Tetlock）和丹·加德纳（Dan Gardner），2015]使用实证结果确定帮助人们应对不确定性的具体行动。

《你问对问题了吗？》[*What's Your Problem?*，托马斯·韦德尔–韦德斯伯格（Wedell–Wedellsborg），2020]通过介绍许多实用且引人入胜的想法来更好地构建框架，从而深入研究搭建框架的步骤。

◎ 其他参考资料

National Research Council（2015）. *Measuring human capabilities: An agenda for basic research on the assessment of individual and group performance potential for military accession.* Washington, DC, National Academies Press.

Scopelliti, I., et al.（2015）. 'Bias blind spot: Structure, measurement, and consequences.' *Management Science* 61（10）: 2468–2486.

Ehrlinger, J., et al.（2016）. 'Understanding overconfidence: Theories of intelligence, preferential attention, and distorted self-assessment.' *Journal of Experimental Social Psychology* 63: 94–100.

◎ 反馈

期待您的来信。我们希望收到可以帮助改进未来研究工作的建议和批评。可以登录网站 arnaud.chevallier.org，或发邮件至 albrecht.enders@imd.org 与我们联系。

关于作者

阿诺·谢瓦利尔是洛桑国际管理发展学院的战略学教授。阿诺将来自不同学科的实证结果综合成具体工具，运用在战略思维方面的研究、教学和咨询，以提高我们决策和解决问题的能力。他的前一本书《复杂问题的策略思考与分析》（*Strategic Thinking in Complex Problem Solving*）深入探讨了问题解决过程中的认知考虑。

在洛桑国际管理发展学院，阿诺是全球管理基金会项目的主管，该项目是 EMBA 以及与欧洲工商管理学院（EPFL）和洛桑大学联合开设的可持续管理与技术专业理学硕士课程的核心组成部分。他还负责指导各种定制项目。

阿诺的工作履历十分丰富，曾效力于多个行业和组织，包括思科（Cisco）、全球疫苗免疫联盟（Gavi）、红十字国际委员会（the International Committee of the Red Cross）、诺和诺德公司（Novo Nordisk）、壳牌（Shell）、思爱普（SAP）、斯塔克拉夫特（Statkraft）公司、联合国（ the United Nations）和瑞典利乐（Tetra Pak）公司。

在任职于洛桑国际管理发展学院之前，阿诺是莱斯大学（Rice University）的副教务长和蒙特雷大学（University of

Monterrey）的研究生院长。此前，他在休斯顿和伦敦的埃森哲（Accenture）从事战略和业务架构实践工作。

作为法国和美国公民，阿诺曾在墨西哥、美国、英国和瑞士工作。他拥有凡尔赛大学（Université de Versailles）机械工程专业的学士学位和硕士学位，以及莱斯大学机械工程专业的硕士学位和博士学位。

阿尔布雷克特·恩德斯是洛桑国际管理发展学院的战略和创新学教授。他的主要研究、教学和咨询领域是突发状况应对和顶级团队战略开发。他也是洛桑国际管理发展学院商业领导力过渡计划（TBL）的联合主任。在加入洛桑国际管理发展学院之前，恩德斯曾在波士顿咨询集团担任顾问。

恩德斯在多部顶尖学术期刊上发表过文章，如《行政科学季刊》（*Administrative Science Quarterly*）《美国管理学会学报》（*Academy of Management Journal*）《美国管理学会评论》（*Academy of Management Review*），以及其他面向从业者的刊物，包括《哈佛商业评论》（*Harvard Business Review*）《麻省理工斯隆管理评论》（*MIT Sloan Management Review*）和《金融时报》（*The Financial Times*）。他的研究和案例撰写工作得到了管理学院 BPS 部门、欧洲管理发展基金会（EFMD）、欧洲案例交流中心（ECCH）和美国工业管理学院（SIM）等机构的认可。

恩德斯拥有德国莱比锡管理研究生院（Leipzig Graduate School of Management in Germany）战略管理博士学位和美国达特茅斯学院（Dartmouth College in the United States）经济学学士学位。

作者致谢

虽然我们的名字以作者的身份被印在封面上，但这本书是在许多优秀人士的帮助下才得以诞生的。我们非常感谢我们的高管学生、顾问、同事和其他人，他们为这本书做出了贡献，使书中的内容更加精准、可信。

对于这本书的问世，我们要特别感谢弗里德里克·哈维霍斯特（Friederike Hawighorst），她出色的事实核查工作让我们丝毫不敢懈怠！她不但煞费苦心地质疑每一个论断，而且以一种鼓舞人心的方式激励着我们。谢谢你的全力付出——弗里德里克。我们迫不及待地想听到你的喜讯——我们会第一时间告诉人们——我们相识已久！

洛桑国际管理发展学院就像一个独一无二的沙盒。它处于思想世界（学术界）和实践世界（管理界）的交汇处，促使我们产生想法、展开思路并在实践中不断地进行测试。这让我们的工作变得无比有趣。事实上，我们甚至都会不计报酬地去做研究。

洛桑国际管理发展学院独特的生命力来源于多样化、富有趣味、杰出的合作者。包括我们两个人在内，无数人都非常渴望成为哪怕只有他们一半才华的人才。我们非常感谢这里的许多同事。我们特别感谢让－路易·巴苏（Jean-Louis Barsoux）、西里尔·布凯、克里斯托斯·卡博利斯、多米尼克·查哈巴迪、安托万·乔克、弗里德里克·达尔萨奇、丽莎·杜克、迪莉亚·费舍尔、苏珊·戈德斯沃西、拉尔斯·哈格斯特罗姆、保罗·亨特、陶菲克·杰拉西、阿米特·乔希、布兰丁·马尔赫特、让·弗朗索瓦·曼佐尼、艾莉森·迈斯特、阿南德·纳拉辛汉、基扬·努奇瓦尼、弗朗西斯·普卢格、帕特里克·雷穆勒、卡尔·施梅德斯、多米尼克·特平和迈克尔·沃特金斯。尤其感谢菲尔·罗森茨维格把我们引荐到洛桑国际管理发展学院，并在任职期间，作为严谨治学的榜样，对草稿的早期版本提供了深刻而有见地的点评，并鞭策着我们成为更好的思想者和教育者。

项目的参与者对书稿资料的形成做出了重大贡献。我们特别感谢 MBA、EMBA、高级战略管理、高级管理理念、全球管理基础、转型式领导、组织成功绩效和复杂问题解决方案专业的学员。

我们还从众多学术界和商界人士的帮助中受益匪浅。他们通过电子邮件、联合教学、晚餐谈话、沿湖散步或审阅草稿提供了绝妙的想法。我们非常感谢马克斯·巴泽曼（Max Bazerman）、杰夫·弗里德曼、马克·格鲁伯、德克·霍克（Dirk Hoke）、约科·卡尔维宁、菲利普·迈斯纳（Philip Meissner）、吉尔斯·莫雷尔（Gilles Morel）、弗雷德·奥斯瓦尔德（Fred Oswald）、马丁·里夫斯（Martin Reeves）、丹尼斯·卢梭（Denise Rousseau）、理查德·鲁梅尔特、伊恩·查尔斯·斯图尔特（Ian Charles Stewart）、菲利普·泰洛克、蒂姆·范·盖尔德、托马斯·韦德尔·韦德尔斯堡（Thomas Wedell–Wedellsborg）和托尔斯滕·伍尔夫（Torsten Wulf）。

还有很多人或多或少地帮助我们改进了处理复杂问题的方式。感谢 TJ. 法恩沃斯（TJ Farnworth）、伊斯坦·费耶尔德斯塔德（Øystein Fjeldstad）、哈拉尔德·亨根伯格（ Harald Hungenberg）、托马斯·哈茨森鲁特（Thomas Hutzschenreuter）、阿贾伊·科利（Ajay Kohli）、迈克尔·科科拉拉斯（Michael Kokkolaras）、安德烈亚斯·科尼格（Andreas König）、弗朗索瓦·莫达夫（François Modave）、宝拉·桑德斯（Paula Sanders）、波尔·斯潘诺斯（Pol Spanos）、西里·特杰森（Siri Terjesen）、彼得罗斯·特拉茨卡斯（Petros Tratskas）和迈克尔·维多维茨（Michael Widowitz）分享了解决棘手问题的有见地的方法。

我们还要感谢培生教育集团和洛桑国际管理发展学院传播团队的工作人员将这个项目付诸实践。

最后，我们非常感谢远在德国、法国和美国的家人们，感谢他们在整个创作中给予我们的关爱、建议、耐心、幽默和支持。当我们在无数个夜晚、周末和假期远离家庭活动而专注于 FrED 模型的构建时，家人们一直无悔地包容着我们。如今，FrED 模型已经问世，我们希望更多的人会享受到模型带来的福利。我们的生活因为有你们而更加美好。由衷感谢！

图片与文本来源

◎ 图片来源

56 Alamy Images: Shawshots/Alamy Stock Photo; 30 Anne-Raphaelle Centonze: Courtesy of Anne-Raphaelle（de Barmon）Centonze. 许可使用。

◎ 文本来源

3 PwC Global: Adapted from PWC（2017）. The talent challenge: Harnessing the power of human skills in the machine age; 8 American Psychological Association: Kahneman, D., & Klein, G.（2009）. Conditions for intuitive expertise: A failure to disagree. American Psychologist, 64（6）, 515–526; 8 John Wiley & Sons, Inc: Evans, D.（2003）, Hierarchy of evidence: a framework for ranking evidence evaluating healthcare interventions. Journal of Clinical Nursing, 12: 77-84. https://doi.org/10.1046/j.1365-2702.2003.00662. x; 8 The National Academies Press: National Research Council. 2011. Successful K-12 STEM Education: Identifying Effective Approaches in Science, Technology, Engineering, and Mathematics; 10 John Maynard Keynes: This quote is attributed to John Maynard Keynes with some controversy, as there are also sources that list economist Paul Samuelson as having coined a similar phrase; 27 The Irish Times: Adapted from Irish Times（1997）. Pope's fancy footwork may have saved the life of Galileo; 32-33 National Library of France: Bibliothèque nationale de France.（2015）. "Le château de Versailles, 1661–1710 – Les fontainiers." Retrieved 11 May 2021, from http://passerelles.

bnf.fr/techniques/versailles_01_6.php; 34 Juan Manuel Fangio: Quoted by Juan Manuel Fangio; 37 Harvard Business Publishing: McKee, R. and B. Fryer （2003）. "Storytelling that moves people." Harvard Business Review 81 （6）: 51–55; 46 Elsevier: Ginnett, R. C. （2010）. Crews as groups: Their formation and their leadership. In Crew resource management（pp. 73–102）. Academic Press; 48 Academy of Management: Nutt, P. C. （1999）. "Surprising but true: Half the decisions in organizations fail." Academy of Management Perspectives 13 （4）: 75–90; 54 George E. P. Box: Quoted by George Edward Pelham Box; 57–58 Richard Post Rumelt: Quoted by Richard Post Rumelt; 58 Anton Chekhov: Quoted by Anton Chekhov; 59 Anton Chekhov:Quoted by Anton Chekhov; 62-63 Michael Merkel: Quoted by Michael Merkel; 66 Flannery O'Connor: Quoted by Novelist Flannery O'Connor; 64 The National Archives: Air Accidents Investigations Branch（1990）. Report on the accident to Boeing 737-400 G-OBME near Kegworth, Leicestershire on 8 January 1989（Aircraft Accident Report 4/90）. HMSO. London; 83 Jouko Karvinen: Quoted by Jouko Karvinen; 84 Juan Carlos Bueno: Quoted by Juan Carlos Bueno; 103 Alex Osborn: Quoted by Alex Osborn; 103 Linus Pauling: Quoted by Linus Pauling; 103-104 Thomas Alva Edison: Quoted by Thomas Alva Edison; 115 Roger L. Martin: Martin, R.（1997）. Strategic choice structuring-A set of good choices positions a firm for competitive advantage; 132 Sage Publications: Hofstede, G. （2001）. Culture's consequences: Comparing values, behaviors, institutions, and organizations across nations, Sage Publications; 146 Richard Post Rumelt: Quoted by Richard Rumelt; 149 JørgenVig Knudstorp: Quoted by JørgenVig Knudstorp; 149 Roger Martin: Quoted by Roger Martin; 150 Henri Poincaré: Quoted by Henri Poincaré; 158 Stanford Graduate School of Business: Burgelman, R. A., M. Sutherland and M. H. Fischer（2019）. BoKlok's Housing for the Many People: On-the-Money Homes for Pinpointed Buyers. Stanford Case SM298A; 159 Michael Porter: Quoted by Michael Porter; 164 Abraham Maslow: Quoted by Abraham Maslow; 171-172 Guardian News & Media Limited: Arthur, C.（2011）. Nokia's chief executive to staff: 'we are standing on a burning platform. The Guardian; 173 Peter Block: Adapted from

Peter Block; 175 Christopher West:Quoted by Christopher West; 180 Steve Jobs: Steve Jobs quoted on p. 13 of Rumelt, R. P.（2011）. Good strategy / bad strategy: The difference and why it matters; 191 Snieders, F: Voltaire（Lettre à Frederick II de Prusse 6 avril 1767）; 191 Bertrand Russell: Quoted by Bertrand Russell; 191 Office of the Director of National Intelligence: Adapted from Office of the director of National Intelligence; 192 Jeffrey Friedman: Friedman, J.（2020）. "Analytic rigour is improved by probabilistic thinking and communication"; 194 Richard P. Feynman: Feynman, R. P.（1974）. "Cargo Cult Science." Engineering and Science 37（7）: 10–13; 200 Winston Churchill: Quoted by Winston Churchill; 201 National Geographic: Aldrich, S.（2010）. Kurt Vonnegut's Indianapolis. National Geographic; 202 The Telegraph: The Telegraph（2018）. Sir Richard Branson-The business of risk: https://www.youtube.com/watch?v=-49524mB49520gY; 204 Hearst Magazine Media, Inc: Fitzgerald, F. S.（1936）. The Crack-Up. Esquire.